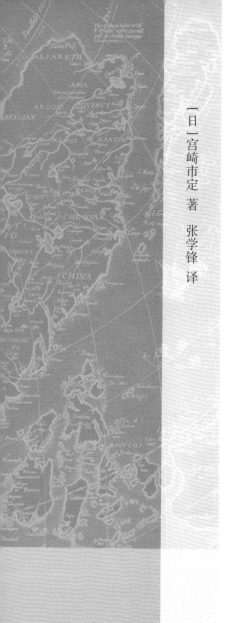

宫崎市定亚洲史论考

［日］宫崎市定 著

张学锋 译

东洋的朴素主义民族与文明主义社会

图书在版编目（CIP）数据

东洋的朴素主义民族与文明主义社会／（日）宫崎市
定著；张学锋译. —上海：上海古籍出版社，2018.5
（宫崎市定亚洲史论考）
ISBN 978－7－5325－8808－4

Ⅰ.①东… Ⅱ.①宫… ②张… Ⅲ.①中日关系－国
际关系史－研究 Ⅳ.①D829.313

中国版本图书馆 CIP 数据核字（2018）第 076797 号

宫崎市定亚洲史论考
东洋的朴素主义民族与文明主义社会
［日］宫崎市定 著
张学锋 译
上海古籍出版社出版发行
（上海瑞金二路 272 号 邮政编码 200020）
(1) 网址：www.guji.com.cn
(2) E-mail：guji1@guji.com.cn
(3) 易文网网址：www.ewen.co
苏州市越洋印刷有限公司印刷
开本 850×1168 1/32 印张 5.25 插页 5 字数 104,000
2018 年 5 月第 1 版 2018 年 5 月第 1 次印刷
ISBN 978－7－5325－8808－4
K·2470 定价：38.00 元
如有质量问题，请与承印公司联系

绪言

　　从前有位国王，久无后嗣，心中时常郁闷。忽然有一天后宫生了位如玉般的王子，国王喜不自胜。不久，国王举行了一场盛大的命名仪式，受邀参加盛宴的远近圣贤济济一堂，有的以富，有的以贵，有的以威力，有的以智慧，争先恐后地在这位尊贵王子的人生之初献上了各自的祝词。然而，与万众的厚望相悖，这位当初被圣贤们赞为德才兼备的王子，长大以后只不过是一个碌碌无为的凡夫俗子，而在当初的盛宴上，并没有任何人以"不满"来祝福这位王子啊。

　　这虽然不过是一则寓言，但仔细玩味后就觉得意味深长。我曾经沉思过这样的一个问题：人类的历史到底是进步的历史还是堕落的历史？今天看来，世道虽有隆替，但在有史以来数千年的历史中，人类在不同的方面取得了飞跃的进步，这个事实是有目共睹的。而促使人类不断取得进步的原因又是什么呢？能够回答这个问题的不外乎就是上述这则寓言,即人类不断取得进步的最根本的原因就在于对现状的"不满"。

稍微啃过些史书的我,如果先从结论讲起的话,人类所怀的不满在这三个方面表现得最为显著:第一是野蛮民族接触文明社会时对自己和对方产生的不满;第二是穷人接触富人时产生的不满;第三则是年少者目睹成年人社会时感受到的不满。当然这三种不满也不是完全孤立的,有时不过是同一种现象从不同方面来进行观察的结果,尤其是第三种不满,还往往包摄在前两种不满之中。并且,上述各种不满,同时又是因为两方面的因素引起的。一是内在的,是针对自己而来的。野蛮人因自己生活水准的低下而产生的对文明的向往,穷人一心想改善自己贫困生活的期求,年少者期盼自己早日长大能向成年人学习的希望,均属此类。另一个则是外延的,当朴素的野蛮人接触到文明社会的时候,穷人在看待富裕阶层的时候,青少年在目睹成年人社会的时候,必然会发现在他们向往的世界里其实存在着许多缺陷,有时甚至是令人厌恶的弊害。如入鲍鱼之肆,久而不闻其臭。人一旦在一个社会中处久了,会对这个社会的各种陋习视而不见,甚至会觉得这一切都是理所当然的而毫不介意,精神上日趋麻木。这样的社会是一个饱和了的社会,没有发展,没有进步,有时甚至会走向堕落。所幸有青少年的不满,社会才有了得以矫正、得以发展的希望。然而,富裕阶层又往往会利用其阶级优势扑灭青少年的不满,在这样的情况下,处于社会底层的人们便会兴起,成为阻止社会进一步堕落的力量。更有他者，当文明社会中的阶级一旦固化，贫困阶层也一时无法宣泄其不满时，来自文明社会外部、具有朴素主义精神的野蛮民族就会侵入，成为唤醒文明社会业已麻痹了的不满情绪的力量。

无论在世界的哪个角落，太古时期的人类均是野蛮人。当文明的曙光照耀人类之后，一个个文明社会随之出现。文明社会的先进文化影响着周围的野蛮民族，同化着周围的野蛮民族。然而，野蛮民族在文明化的进程中并不是没有任何牺牲的，他们失去的往往是本民族最为宝贵的东西。我将这种最为宝贵的东西叫作"朴素性"。文明社会表面上繁花似锦，香气四溢，但其内部却不乏光怪陆离，诡计多端。文明社会的种种弊端，生活在其中的人们是很难觉察到的，而尚未受到文明的毒害、尚具纯真性的野蛮民族从外部却能看得非常真切。

本书题为《东洋的朴素主义民族与文明主义社会》，读者或许会觉得这个书名很怪异。东洋最古老的文明中心在中国。在中国这个文明中心的周围分布着许多尚未开化的民族，文明社会的文明人将他们视作夷狄戎蛮并加以蔑视。焉知这些被视作野蛮的民族中，却保留着被文明人早已忘却了的一大优点。文明人有文明主义的教养，朴素人有朴素主义的训练；文明人善于思考，朴素人敏于行动；文明人是理智的，朴素人是意气的；文明人情绪缠绵，朴素人直截了当；文明人具有女性的阴柔，朴素人具有男性的刚强。更进一步说，文明人崇尚个人自由主义，朴素人囿于集体统制主义,总之,在几乎所有的方面,两者之间都表现出了相互对立的特征。还有一点想特别强调的是,以上所说的这些文明主义与朴素主义之间相互对立的性格特征,不仅从整个社会和民族的比较上可以观察得到,就是在个人与个人之间的比较中同样也能看得很清楚。

当今社会非常热衷文化史、文明史的研究和阐述,在这样的氛围中,我的上述言论,或许会遭到读者的疑问甚至尖锐的批判。那么,就请历史来讲述历史的真相吧!

一 古代文明主义社会的诞生

（一）中国文明社会的源流

食盐与文明

　　文明首先起源于财富的凑集之地。在中国,最早的财富凑集之地,亦即最古老的文明发祥之地,就是山西省南端黄河转弯处的三角地带。根据中国古老的传说,这里是最早的王朝夏王朝的中心地带都城安邑的所在地。如果再往前追溯,在建立夏王朝的大禹之前有帝舜,帝舜之前还有帝尧。帝舜的都城在安邑近边的蒲坂,帝尧的都城在黄河支流汾水上游的平阳。要说天下财富之所以凑集在这一带的理由,那么不外乎就是安邑附近所谓解州盐池所带来的盐利了。无论什么时代,食盐都是人类最不可缺的生

盐池庙

活必需品。人类的日常生活之外,牛马牲畜的饲养同样也离不开盐。众所周知,中国食盐的产地其实并不只限于解州,四川一带汲取盐分浓度极高的地下水熬制食盐,沿海地带则煮海水为盐,即使在内蒙一带,也能生产出质量上乘的池盐。然而,食盐过于丰富之处反而财利难求,就像空气和阳光一样,人人都可以享受得到的东西反而就变得无价了。但是,解州生产的池盐,在周边地区是没有竞争对手的。如今,黄河下游和长江下游的平原地区已被开垦成肥沃的耕地,而在上古时期,倒是现在已属干旱地区的山麓斜坡上更适合农耕畜牧生产。包括解州在内的黄土地带,土地非常肥沃。在这一片广袤的土地上,有着唯一的盐池,如果控制了这个盐池,就意味着独占了盐利,周边的农耕民也好,牧民也好，为了获取食盐这一生活必需品，不得不带着各自的产品前来交易，盐池周围因此聚集了大量的谷物和畜产，中国最古老的文明开始在这里萌芽。

三代传说中的真实性

夏灭于商，商灭于周，夏、商、周称"三代"。夏、商不用说，即使是西周建国之初，其历史也还无法完全逸出传说的范畴。夏桀与商汤，商纣王与周文王、周武王，他们的传说一直为人们所传诵，我们也可以从他们如梦如幻的人生中多少复原出一些历史的原貌来。

传说舜"陶于河滨，器不苦窳"。据《左传》襄公二十五年记载，舜的子孙一直到周武王时还担任着陶正，即负责制造陶器的官长。这样看来，舜发明的陶器多半就是贮盐器了。帝尧传位于帝舜，这个传说自古以来就有人表示怀疑，甚至将之视为后世篡位的滥觞。不难想象，跟着帝尧、负责制造贮盐器并直接参与食盐贩卖的舜，肯定有很多的追随者，最后逼退帝尧之子丹朱，掌握实权，这恐不是空穴来风。取代帝舜的禹，因治理黄河水患而著名。但仔细考虑一下或许可以发现，大禹治理的恐怕不是黄河的水患。黄河水患的治理，由于工程浩大，在当时的社会条件下几乎是不可能实现的，并且，安邑附近的黄河并无泛滥之忧，如果一定有水患必须治理的话，那不过是整治流入盐池的河道而已。在北方,所有的水流均称为河,南方则均称为江。推测到了战国时期,黄河水患的治理成为现实问题被提上议事日程之后,大禹曾经治理过小河的传说才慢慢发展成为治理黄河的故事。

传说大禹的时候,有个叫仪狄的人发明了酒并将之呈献给禹。酒字的原意似乎是将水盛在被称作酉的壶中献给神灵的,好像并无酒精之意。但不管怎么说,仪狄发明的这种新饮料,是消费了珍贵的谷物酿造出来的,在当时是极其奢侈的东西,若非王者难以品尝。据说幸亏大禹及时发现了酒这个东西会乱性并予以斥退,但他的子孙却因占有盐池之利而习于富贵,从而不思进取,耽溺酒色,最终亡于商汤之手。不过,历史传说中尧、舜、禹、汤的年代等问题,向来是不足凭信的。

商兴起于黄河下游,因黄河的泛滥不得不数次迁都。最初的商都在亳,亳的具体位置有多种说法,其中将之拟定在今河南省偃师县的意见应该比较合理,即在后来西周的东都洛邑附近。商汤之所以选择这一带作为都畿之地,理由可能还是跟解州盐池有关。商汤在攻灭夏朝接管了解州盐池后,试图利用黄河的水运之便,将食盐贩向东方。到了商朝末期,积聚起来的财富反而成为祸乱之源。纣王耽于酒池肉林,酒是用农耕民族生产的谷物酿造的,肉是游牧民族供给的。纣王之世,活动在西边渭水流域的周人开始兴起。根据周人的传说,一直到古公亶父的时候,周人都还保持着游牧的生活习俗,亶父率领众人在岐山开始了定居生活,但其子孙在一段时间内依然屡屡迁徙。亶父的孙子就是文王，传说文王时不时地对商朝发起进攻，吃了败仗后曾经被关押了七年之久。周人进攻商朝的目的，不用说是为了争夺解州的盐池。长期过着定居生活，从事商业经营的殷人，不断地遭受来自西方野蛮民族的侵略。处于半游牧状态的夷狄，对食盐这种生活必需品的追求实在是太强烈了。到了文王之子武王时，联合庸、蜀、羌、髳、微、卢、彭、濮等夷狄，大举讨伐纣王，平定了天下。不过，当时所谓的"天下"，其范围实在是比较狭小，将之视为解州池盐的贩卖区域似乎比较贴切。解州池盐的消费区域，进入近世以后虽也变化无常，广狭不定，但大体不出今山西省南部、陕西省中部及河南省北部，而尧、舜及三代的国都均在这一范围之内。

纣王的酒池肉林，与后世君王的奢华相比实在是微不足道的。传说纣王还发明了炮烙等酷刑，孟子早就有过辩解，这些并不全是事实。后来周公在训导殷商遗民，陈述殷人之所以亡国的理由时，称错就错在纣王沉湎酒色，疏于敬神。这一点非常有意思。在尚未开化的周人眼中，狂饮烂醉是最令人嫌恶的，何况用酒来祭祀神灵，那更是对神灵的亵渎。但到后来，周人同样用酒来祭祀宗庙，饮酒也成为普遍的习俗，再也不是什么特殊的奢侈品了。这种现象显示了社会整体的物质生活水平有了较大的提高。而这种风气一旦向周边地区生活程度更为低下的夷狄蔓延，便打乱了他们经济生活的基调，成为土地不断为周人蚕食的原因。同一种东西，因时间和地点的不同，给民族和社会带来的影响也大不相同，可以说，酒给周人带来了好运。

城郭都市生活

我认为，殷人就已经筑起了城郭，过上了都市生活。到了周代，城郭生活更加普及。周武王在克商后不久便死去，武王之弟周公辅助成王，势力进一步向东方扩展，致力于黄河下游地区的经营，相传曾灭国五十。这里的"國"字，在表示城郭的"囗"符号中加上了"戈"字、"口"字和"一"字。"口"代表人民，"一"指的是土地，"戈"则是主权的象征。这有点像古希腊的 polis。[①] 周将原来隶属于商的民众按地域进行整合，在这里建立了周室的同姓功臣诸侯，并进一步拓展自己的殖民地。据荀子所言，当时建国七十一，其中与周室同姓的姬姓诸侯占五十三国。这些诸侯国，平时向周王室贡献土产，战时有义务率众从征，这就是所谓的西周封建制，当然不会像后代经书中所说的那样将领地划成豆腐块式的正方形来进行分配。各国诸侯之下有贵族阶层，贵族家庭的成年男子称作"士"，他们有携带武器的权利。贵族阶层之下有自由民和奴隶。被征服的殷人，也因各自不同的情况被编入贵族、自由民和奴隶的行列。也有像宋国那样，整个诸侯国均为殷商的遗民。

周公在商汤亳都附近兴建了大规模的都城洛邑。都城的中

① polis，古代希腊的城邦国家。

央是宏大的内城,以宗庙为中心分布着王侯贵族的宅第。环绕着内城的是郭城,居住着自由民和奴隶。郭城之外是耕地,贵族的耕地由奴隶耕种。自由民是直接隶属于王室的民众,在被称作"王田"的土地上从事耕作,按一定比例向王室缴纳田租。最初土地均属王室所有,耕地每年都要重新分配;后来因为人口的增长,耕地不足的现象越来越突出,王室逐渐承认了人民对土地的使用权。其实,这种土地的使用权与所有权之间已经没有什么根本的差异了。王室以外各诸侯国的情况亦与之大同小异。

一般都认为,周公虽然兴建了洛邑,但洛邑的性质属于陪都,周王朝的政治中心依然位于今陕西省的渭水盆地,即武王时期兴建的镐京;后来,幽王被犬戎击败,平王东迁至洛邑,洛邑于是成为周王朝的政治中心。但是,在司马迁撰写《史记》的时代就有一种说法认为,周公在经营洛邑的同时,周王室也随之东迁至洛邑。这种说法似乎很有说服力。成王之后的宣王时期,击破了从今山西省南下入侵的北狄。在与北狄的对峙中,宣王同样担心失去解州的盐池,于是率兵北上,在太原迎击入侵者,取得了军事上的巨大胜利。幽王时期,政治中心镐京反而遭到了犬戎的蹂躏,周王室最终不得不放弃渭水盆地。平王以后又称"春秋时期"。一般认为,"春秋时期"的明显特征是周王室分封的诸侯们不再遵奉王命,政由己出。但是,有一个现象非常值得注意,这就是:到了春秋时期,周王朝城郭都市的生活模式,在周边的夷狄之间广泛传播,这种生活模式促进了各夷狄的民族自觉;在周王朝控制的版图之外,异民族的力量不断结集,不断壮大,以致发展到了对周王室及其诸侯产生威胁的程度。

（二）五霸皆夷狄论

周代社会及其文明

前面我们已经提到,周人东侵殷商,最终灭亡商朝,其最直接的动机是对解州盐池的占有欲。周人原属尚未开化的夷狄,武力上虽然卓越,但却缺乏商业方面的才能,于是,周王朝在新占领的领土上,不得不利用殷人来从事食盐的分配。商人的"商",原是"殷"的别称,周代殷人子孙受封的宋国,其都城所在地至今仍被称为"商丘"。经由殷商遗民之手,通过食盐交易积聚起来的天下财富集中到了洛邑,给周王朝带来了繁荣。从其他方面来看,周代文明,例如青铜器的使用、战车战术、城郭都市的生活模式等,伴随着周人的武力和殷商人的食盐贸易,在周边异民族之间得到了更加广泛的传播。

周人对周边异民族的称呼,因方位不同而有东夷、西戎、南蛮、北狄之异。但是,这种区别也不是绝对的,也有西夷、北蛮这样的说法。区别华夷的标准是多种多样的。第一,是否承认周王朝的主权;第二,语言是否相通;第三,有无文字;第四,风俗习惯上的异同,等等。尤其是在风俗习惯上,城郭都市生活的有无,即社会生活程度的高低等方面当然非常重要,但最特殊的一点就在于异民族不一定会遵奉周人的婚姻制度。

周人在相当长的时期内维持着与罗马人相似的氏族制度。周人分成若干个姓,因有"百姓"之称,但今天我们所知的姓其实不到一百个。这个"姓",相当于古罗马的 Gens。① 诸姓之中,王室姬姓最为尊贵,且最有势力。一姓之下又分成若干个氏,氏主要按居住地的地名、世袭的官爵等来定名。这个"氏",相当于古罗马的 Familia。② 这样一来,贵族的称呼中必定包括姓、氏、名三个部分,一般情况下男子称氏和名,女子只称姓。例如,陈国的公室姓妫,氏为陈。陈国有个公子曾经篡位,《春秋》中称其为"陈陀"。陈是其氏,陀是其名,因是男子,故省略其姓妫。陈国嫁给卫国的女子中有厉妫、戴妫,因是女子,故称姓。这在古罗马也一样,例如 Caius Julius Caesar、Publius Cornelius Scipio 这些人名中,都包含了名(Persona)、姓(Gens)和氏(Familia)三部分,男子一般省去姓,故称 Caius Caesar、Publius Scipio,然而,属于这个姓的女子们则称 Julius、Cornelius。周王室姓姬,其女子均呼为"姬",以后,"姬"又成为对一般女子的尊称。周人的姓在婚姻方面具有重要的意义,严格遵守"同姓不婚"的习俗。到了后世,氏族制度紊乱,"姓"在事实上已不存在,与"氏"相混淆,"同姓不婚"实际上

① Gens,意即氏族。
② Familia,意即家族。

变成了"同氏不婚"。即使这样,这种风俗还一直延续到最近,姓张的与姓张的,姓李的与姓李的,即使血缘上已经非常之远,但在婚媾上还是要尽量避开的。

齐桓公的霸业

周王朝势力发展的限度,是由其武力和财力的限度所决定的。周在西边和北边并没有什么新的发展,其发展主要着眼于东方与南方。其势力发展,东端为鲁国,南端为随国。此后,周的武力扩张渐趋停滞,财力也因贵族的奢侈而不断内耗,对诸侯的统制威力渐渐松弛。各诸侯国不再为周王室竭尽全力,开始更多地重视自己一国的利益,以至于为了一点小利与邻国干戈相向。在这种情势之下,失去了王室支持的国境地带,统治权力的争夺更替屡屡发生。国境附近的夷狄,由于长期受周代文明的影响而不断壮大,以至于在以周王室为首的封建诸侯之外形成了新的国家系统,当其势力达到了相当程度以后,则反过来向周王室发起了挑战。在西边,周的旧都镐京附近有秦;北边,在盐池的正北方有晋;东方,紧靠着鲁国的有齐;南方,与随国相邻的有楚。这些新兴的民族,对周王室的态度虽然软硬不同,但对周王室而言,均是不可忽视的强敌。

齐国的国君姓姜,一般认为是辅助周文王、周武王成就大业的太公望的后代,但春秋时期强盛国力、首倡霸业的齐桓公,似乎

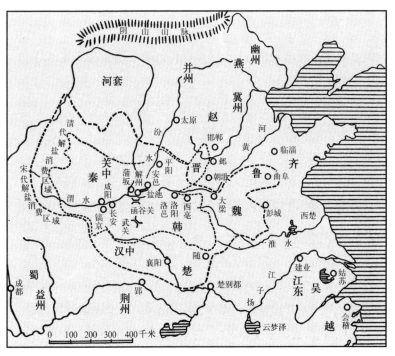

古代要地分布图

与周王室属于不同系统的民族。理由是在齐国的历史上,以桓公
为首,包括其臣僚,屡屡出现同姓婚配现象,这种现象被视为东夷
的淫乱之俗,因此,很难将之看成是西周建国以来的同盟民族。[1]
或者是太公望的齐国不知何时被东夷民族所取代,或者是齐桓公
称霸,与周王室结成同盟以后,将自己的祖先附会成传说中的周
文王之师太公望。两者之中,后者的可能性或许更大。齐国位于
今山东滨海地区,从食盐的供求关系上来看,与周王室分封的诸

侯国也属于不同的系统,这一点很值得注意。不管怎么说,以临淄为都城的姜姓齐桓公家族,早在春秋之初已经平定了黄河以南的西至泰山东到大海的山东半岛地区,并向周王室东方的宗亲鲁国不断施压。在齐国的统治区域内,语言也逐步得以统一,到了汉朝初年,更是形成了以方言"齐语"为特征的特殊区域。一直到今天,山东方言与北京话之间在读音上都还存在着诸多不同。

在南方,勃兴于今湖北汉水流域平原上的南蛮是楚国。楚国国君姓芈,先祖中有名鬻熊者,说是周文王之师,这当然是后世的附会。楚国在春秋之初就开始称王,与周王抗礼。楚王熊渠还曾自言是蛮夷之国,可以不遵循中国的礼仪,给人一种以蛮夷自傲的感觉。楚国兴起的经济基础与齐国的不同,在中原诸国日趋奢靡,对异国物产充满欲望的时代,楚国利用长江流域便利的水运,将南方的珍珠、象牙、玳瑁等珍稀物产北运,积聚财富。开始还必须借助随国与中原各诸侯国交通,后来国力逐渐强盛,于是吞并随国,势力达到了今河南省南部,直接威胁到了周王室的腹地。

齐、楚两国,对周王室而言均是强敌。楚国近而齐国远,于是,最初受到楚国威胁的郑、蔡诸国纷纷与齐国结盟,试图借助齐国的力量来抵御楚国的侵略。此后,中原诸侯纷纷效仿,将齐桓公尊为霸者。所谓"霸",是指同盟各国的监管人或保护者,其地位类似于古希腊城邦国家联盟的盟主,与雅典、斯巴达等城邦的盟主非常相似,其原因依然要从中国上古的城邦国家说起。春秋时期的中国,与古希腊的情势其实没有什么太大的差别,城邦国家之间相互对峙的意识非常强烈,各诸侯国都不可能心甘情愿地受制于其他国家,尤其是异民族国家,因此,各国之间只能采取结盟的形式。保护与被保护,其实只是某一个时期的特殊关系,盟主的实力一旦衰落,霸主的地位即刻会转移到其他强有力的国家一边。另外,在春秋初年,中原诸侯名义上依然遵奉周天子,霸者想要号令中原诸侯,还不得不打出"尊王"的旗号,只有这样,才能号召更多的小诸侯参盟。齐桓公、晋文公无一不是如此,他们虽然打着尊王的旗号,但并不一定是真心尊崇周王室。

齐桓公起用管仲,因鱼盐之利实现了富国强兵,南征楚国,北讨山戎,一时成为中原诸侯的保护人。然而,桓公死后,齐国大乱,楚国乘机北上示威,这时,挫败楚国北上的第二位霸主就是晋文公。

晋楚争霸

一般认为,晋国的国君是成王的弟弟唐叔虞的子孙,与周王室属同一血脉,但这也非常值得怀疑。晋国位于今山西省南部,与周最为接近,在习俗上受周的影响颇深,但是直到春秋时期,晋国依然可见同姓婚的存在。[2]晋在族源上或许与周完全不同,可能是因仰慕周的文明,并以解州盐池为目的南下北狄的一支,属于山林民族。晋最初以太原为根据地,后沿汾水南下,定都绛。至献公时,灭亡了长期占据解州盐池的虞国和虢国,完全掌控了盐池之利。献公之子就是春秋五霸的第二霸晋文公。文公在嗣位以前，曾有被继母赶出晋国周游列国的故事。这个故事的真实性非常值得怀疑，类似的周游故事，在印度历史上也曾经发生过。不管怎么说，文公在城濮之战中击败楚国，挽救了中原诸侯，在河阳会盟中，周天子也不得不出席以表敬意。《春秋》所书"王狩河阳"，指的就是这一著名的历史事件。

晋国在文公死后依然保持着强国的地位，然而，此时南方的楚国也在一点一点地壮大。楚以长江北岸的郢为都城，沿汉水向北发展，首先征服随国，将之作为自己的属国，不久又将江汉之间周王室分封的各诸侯国悉数纳入自己的势力范围，直接威胁到了陈、蔡、郑等强有力的中原诸侯。楚庄王即位时，由于先王穆王在王位继承上有些问题，因此权臣跋扈，庄王周围危机四伏。在所谓不鸣不飞的三年之中，庄王审时度势，一举清除了异己数百人，集权力于一身，国威大振。庄王即位后八年，率兵讨伐居住在邻近中原山林地区的陆浑戎，大获全胜，乘势在洛水边举行观兵仪式，周定王吃惊之余不得不遣使慰劳。楚庄王向来使问鼎之轻重，成为家喻户晓的故事。其后，又乘陈国内乱，一举灭陈，但不久又立陈侯的后人为君，重建了陈国。从此以后，楚国的对外政策发生了重要的转变，认识到仅靠武力征服是难以控制中原的，于是仿效前代霸者，通过外交手段来对中原发号施令。与此同时，在内政上不断摄取中原文明，致力于改变国俗，这一点恐也不难想象。楚国出自蛮夷，虽然没有像齐桓公、晋文公那样召集诸侯歃血为盟,但依然被列为春秋五霸的第三霸,其原因恐亦在此。楚国在文明化的道路上快速发展,且因过度致力于对中原的经营,兵力集中在北边,国内空虚,给背后吴国的兴起提供了绝好的机会,一时濒于灭亡,暴露了自身脆弱的一面。

沿海民族吴越

吴是中国历史上长江以南地区最早兴起的强国,其根据地是今天的苏州。春秋以来的古称"姑苏",作为苏州的雅称一直保留至今。上古时期,中国南方沿海地区,最远可达今越南一带,广泛分布着航海渔业民族,吴应该是这个族群分布最北的一支。前面我们提到,楚国在春秋初年已经认识到了南海物产对中原的重要意义,于是向中原贩卖南海物产,获利颇丰,致国力强盛。楚国的贸易线路应该是溯湘江而上,然后越过五岭直接进入广东。与之相比,吴则开辟了沿海岸线南下的交通航线,然后将获取的南海物产转手贸易给中原诸侯,在商贸上成为楚国的竞争对手。楚国消费的食盐,一部分产自吴国,通过长江水道溯流贩运。吴楚之间曾因长江航道的势力范围问题出现过矛盾,不过由于两国的政治中心相距过远,因此没有发生过尖锐的冲突。受到楚国威胁的中原诸侯,看到吴国的兴起,都希望利用这个新兴国家的势力来对抗楚国,于是将蔡国借给吴王阖闾作为立足点,教会吴人中原的战车战术,帮助吴人组织了陆军,越过大别山脉袭击楚都。此时的楚都似乎位于汉口附近,由于楚国长期以来着眼于北方边境的经营,国都空虚,在吴军的攻打下,楚昭王不得不弃都投奔北边的军队,并进入秦国请求援助。吴军攻入楚都的策划人实际上是楚国的亡命者伍子胥,加上得到中原诸侯的支持,吴军的势力一时间非常强大。当结集以后的楚军开始南下,秦国的援军也即将到达之时,吴军不得不撤出楚都返回吴地,楚国也因此吸取教训,把国都迁到了汉水流域的鄀,即今天的襄阳附近。回到吴地的吴王阖闾,在与兴起于浙江以东,并与自己同种的越国的战争中负伤身亡,子夫差即位。夫差攻灭越国,替父报仇,将吴国的势力推向了顶峰。夫差乘势开凿邗沟,沟通了长江水系和淮河水系,率舟师北上,威胁齐国,鲁、卫诸君亦不得不前来朝见,吴王阖闾或吴王夫差因此被列为春秋五霸中的第四霸。夫差在江淮间开凿的邗沟,成为以后大运河的滥觞。当时长江以北地区湖泽众多,稍事开凿即可沟通。吴国还通过海路与今山东的齐国交通,与南方的海上交通虽然没有留下记载,但是既然能通过海船与齐国交通,那么,利用同样的海船完全可以到达今广东一带。吴国的运河开凿和航海事业,在中国交通史上占有特殊的地位,非常值得我们注意。

在吴王夫差率兵北上经营中原之时,吴国的根据地却被复苏过来的越国攻破。吴国虽然一时发展迅速,但因建国日浅,国家的基础尚不牢固,就像当初楚国被吴国攻破那样,国家缺乏良好的抵抗能力,在越王勾践的一击之下便土崩瓦解。吴国在北方开拓的领土被楚、宋、鲁等国瓜分,越国则确保了江淮之间的所有权,利用淮河水系的水运优势,威慑北方诸侯,越王勾践被列为春秋五霸中的第五霸。

夷狄的文明化

关于春秋五霸,还有齐桓公、晋文公、宋襄公、秦穆公、楚庄王的说法,然而这些君主的活动年代都集中在春秋二百五十年间的前半期。本书中所列的春秋五霸,如果按照鲁国历史《春秋》的记载下限哀公十四年(前481)来算,越王勾践的称霸确实已经超出了春秋时代下限二十余年,不过,紧接着春秋时代之后的战国时代,普遍认为是从周威烈王二十三年(前403)开始,因此,把这一年之前的数十年都算作春秋时代是可以的。因此,春秋五霸选择从齐桓公到越王勾践的说法,更能够说明整个春秋时期政治权力的变化。不过,在以上的五霸之中,齐桓公、晋文公的霸业基本上是全国性的,而楚庄王以下的各霸,其势力所能达到的范围基本上仅限于中原的东南部,但却依然被列入五霸之中,其原因恐与鲁国的历史有关。霸业这个概念是孔子学派提出来的,离开了鲁国的历史似乎就无法解释。鲁国与周王室的关系最为亲近,尊崇周王室的主权是鲁国不得不采取的立场。然而,在当时与周边诸侯的关系之中,鲁国由于势力较弱,故不得不采取向强邻屈服以保全自己的政策。从春秋时期鲁国的历史来看,前后曾五次屈服

21

于齐、晋、楚、吴、越。霸及五霸实际上是以鲁国为中心的一种说法,随着儒学的传播,这个概念也得以在全国普及开来。

综观春秋时期的历史可以发现,这个时期是以周为中心的中原文明向周围开化程度较低的民族传播并使其觉醒的时代。未开化民族在文明化的过程中,总会对外产生出一种强大的压力。未开化民族通常分成各个小部族,近邻之间往往持续不断地发生血腥的争斗。一旦受文明光被,有些部族会摄取文明,有些部族拒绝文明,有些部族则沉溺于文明。对待文明的种种态度,往往是由部族的首领来决定。沉溺于文明者自我灭亡,拒绝文明者将落伍于时代,只有摄取文明者,其首领才能确保自身的指导权,并因此向其他部族扩大影响,统一争斗不断的各部族。最终,就像铁块获得了磁性一样,未开化民族旺盛的战斗力会朝着一个方向结集,并朝着统一部族的外部发动。新兴民族的势力一旦迸发,恰如堤坝无法阻挡奔流,任何人都难以阻止。这种现象不仅见于春秋时期,在以后的中国历史上也反复出现。

文明的根本实际上就是科学。科学是文明社会的产物,但由于科学又是人类共同的理想,因此不应该成为发明者独有的财富。春秋时期出现的新兴国家,从另外一个方面来说又都是科学的胜利者。这一历史事实所体现出来的真理,又不仅仅适用于春秋时期,可以说是适用于整个人类历史的一个原则。在此特意附加数言,作为本章的结语。

（三）领土国家的对立——战国时期

从南北之争到东西之争

春秋时期的局势,虽经几度变幻,但总的来说,在新兴国家中势力最强的就要数北方的晋国和南方的楚国了。导致这个结果的一个有利因素是晋国和楚国的地理位置。原则上讲,晋国可以无限制地朝北方开拓疆土,楚国可以无限制地朝南方开拓疆土。尤其是楚国,虽然曾一度被吴国挫败,但在昭王时期很快得以恢复,在吴国灭亡的同时,楚国的疆土达到了淮河流域。越王勾践死后,楚国又灭掉了越国,基本上消除了心腹之患。楚国在旧有领土的东北方开拓的新领土,土地肥沃,交通便利,具有极大的发展潜力,楚国的政治中心也因此不断东移。楚国的形势变化与北方晋国的分裂,给位于西方的新民族秦的兴起带来了绝好的机会。

秦人原来居住在今陕西西部的山林地带,以后沿渭水逐渐东移,最后定居在渭水盆地的西周故地。秦人或许就是击破周幽王的犬戎,而秦人则自称是五帝之一颛顼的后裔,在幽王惨败之际因帮助周王室有功被分封在西周故地的。春秋初期,晋国势力强大,其领土可达到陕西省的北部,秦国在北边的发展因受到晋国的挤压而有所萎缩,为求生存,一直与晋国保持着同盟关系,接受晋国的援助。在这一过程中,秦国则向晋国学到了战术战法和行政组织,至秦穆公时,击败晋国,将疆域开拓至黄河西岸。进入战国,到秦孝公时,国力在短时间内得以提升,战国的局势很快就变成了秦国东进的历史。秦国的勃兴,虽然是春秋以来异民族兴起的一个延续,但战国的历史还具有另一特征,这就是原诸侯国内部出现的社会巨变,这一点是不能忽视的。

战国社会的特征

春秋时期是所谓下克上的时代。春秋 250 年间,弑君的记载多达 36 次。弑君事件的频发,虽然与强势贵族的野心不无关系,但是还有一个因素必须考虑,即当时的中原诸侯都还残存着部族国家的痕迹,国君的位子是大小贵族所共有的,亦即贵族共和政治,这种观念在当时还很强烈。拿鲁国来讲,与鲁公同族的三桓左右着鲁国的政治,三桓又分别受到各家家臣的控制。生活在春秋末年的孔子,不仅被尊为儒家学说的始祖,而且还是中国所有学问的源头。目睹当时的形势,孔子希求能够有所改革,削弱三桓的势力,提高公室的威信。在墨守成规的鲁国,孔子的希求最终化为了泡影,但是他所预见的新的社会体制,在其他国家反而得以逐步实现。在这场社会改革中取得成功的,就是活跃于战国时期的所谓战国七雄。

春秋时期以下克上的原因之一是平民势力的抬头，当然，这与近世社会运动中平民的活跃完全是两码事。随着列国之间对立的不断激化，由各国贵族子弟组成的军队显然已经无法应付日趋频繁的战事，军备的扩充成为紧急任务。军备扩充的结果，平民不仅被吸收到军队里面来，而且还逐渐成为军队的骨干力量，最终发展成为常备军。常备军的指挥官称将军，发展到后来，将军的权力不断扩大，以致对公室产生了威胁。上古贵族子弟军的指挥官称司马，司马的失职与将军对政权的控制，通过与古希腊政权从 Archon（执政官）向 Strategus（将军）的转移加以比较就可以看得很清楚。这种现象在晋、齐两国表现得尤其明显。晋国的韩、赵、魏三位将军势力日益强大，最终踢开晋侯，将具有 300 年历史的晋国三分；齐国将军田氏也抛开了桓公以来的姜姓旧主，篡夺了齐国的政权。通常将周威烈王二十三年（前 403）周王室承认韩、赵、魏三家为诸侯视为战国时代的开始，司马光《资治通鉴》也是从这一年开始写起的，可见这一事件在大义名分问题上的意义是多么深刻，以下克上的现象达到了无以复加的地步。但是，穷则通，进入战国以后，政局反而趋向稳定了，下克上的现象逐渐少见，孔子曾经希求的强化君主权力的中央集权国家出现了。韩、赵、魏三晋以及齐国不用说，南方的楚国，北方兴起的燕国，以及西边的秦国，也都纷纷仿效，建立常备军，兵权不再委任臣下，而由国王亲自掌握，确保了君主的独裁权。同时，各国的内部不再分封诸侯，在领土上逐渐建立郡县，由中央直接派官员进行管理。各国由此完成了中央集权化的过程。换句话说,战国七雄,每个国家都可以看成是一个小小的帝国,即领土国家。这很像是为后来秦汉大帝国的建立平整了一遍土地,正因为如此,这也成为战国时期有别于春秋时期的最大理由之一。

进入战国时期,小帝国之间的相互对立,使得国境的观念越来越明确。春秋时期,城邦国家的意识还比较浓厚,各国之间的争夺对象,要么是敌国人民的居住地邑,要么就是已经开垦了的耕地,那些尚未开垦的土地则几乎被视为毫无价值的荒地而弃之不顾,即使是戎狄侵入进来在此放牧,只要不行掠夺,均可措之不管。然而,随着人口的增长,土地的开垦迫在眉睫。即使是那些尚无能力开垦的荒山野地,人们也越来越认识到其供给柴薪、渔捞狩猎的价值,尺寸之地皆有主。春秋末年,吴楚之争的导火线据说就是边境上的一棵桑树。即使这只是一个传说,但在我们认识春秋向战国转变这段历史时,也是一个意味深长的故事。到了战国以后,或者在通往国境的大道上设置关卡稽查出入,或者沿国境线建造了蜿蜒的长城。黄河的下游流经齐、赵两国之间,最初是放任自流的,后来两国在黄河的两岸筑起了堤防,以保护和扩大自己的耕地,但这样做又让河道相对变窄,一遇洪水,河堤溃决,便会造成重大的灾害。燕、赵两国为对付北方的胡人,筑起了长城,楚、韩之间筑有方城,齐、楚之间和燕、赵之间也都筑有长城,魏国和秦国为了对付北方的游牧民族,更是筑起了大长城来进行防御。

发达的文明国家——魏

三晋之中,魏国最为繁荣。解州的盐池、黄河中游的沃野,以及当时人口最为稠密的今开封周边地区,均在魏国境内。七国之中,魏又位于中央。战国初期,贤君魏文侯非常善于治理,魏国也因此成为当时文明最为发达的国家。但是,文明最发达的国家同时又是弱点最多的国家。魏都安邑,传说中这里曾是夏王朝的都城,从对盐池的控制上来看似乎比较有利,但在强国对峙的时代,这个地方并不一定是理想的都城。春秋时期的晋国也曾经有过迁都到这一带的议论,但终因"国饶则民骄佚,近宝则公室贫"的反对意见而终止。所谓"近宝则公室贫",说的是盐池所产生出来的利益最终滋养了的是商人,商人的势力一旦强大,则能左右平民的生活,国君使役人民的权力就会旁落到商人的手中。魏文侯虽然是一位贤明的国君,但他在位时却屡遭秦国的攻击,西边的很多领土因此丢失。究其原因,一方面是因为当时的秦国确实比较强大,但另一方面也与魏国民众过于骄佚,缺乏团结一致、众志成城的国民性不无关系。魏文侯经过贤人段干木的门前,必定要在车上点头致意。联想到段干木这个人是当时魏国最大的财阀资本家时,魏国岌岌可危的形势也就不难想象了。

魏文侯在位长达三十八年,死后由魏武侯继位。魏武侯在其父亲在位时,作为军队的将军东奔西走,为国尽瘁,获得了极好的

名声。继位后,北与赵,东与齐,南与楚进行了多次战争,却没有
取得多大的胜利。继武侯之后即位的是武侯之子惠王。从惠王
开始,魏国仿效齐国公开称王,紧接着韩、赵两国也开始称王,至
此,战国诸侯即使在名义上也完全脱离了周王室,成为真正的独
立国家。魏惠王时期,魏国遭到了四邻的联合攻击。魏国所处的
地理位置正是四战之地,四周与赵、齐、韩、楚、秦接壤,仅与燕国
之间没有国境问题。惠王即位之初,与韩、赵之间战事不断,一时
间取得了军事上的胜利。但在东与齐国的战争中失败,太子申被
擒,在西与秦国的战争中同样失利,丧地七百里。为了躲避秦国
的兵锋,魏国不得不放弃旧都安邑,东迁至大梁。孟子造访魏国
时,正是这位魏惠王忧郁烦闷、束手无策之时。惠王迫不及待地
向孟子讨教对魏国有利的政策,孟子却建议惠王停止争利的愚蠢
想法,劝导惠王回到政治的根本即"王道"上来。以前,孔子的劝
导多是为臣之道,一百七八十年后的孟子劝导的却是帝王之道。
这显示了一种倾向,即不限于儒学,其他学问也越来越受到社会
的尊崇。这种倾向之所以出现,与当时日趋复杂的社会现实密切
相关。社会越来越复杂,对各种人才的需求也越来越迫切,甚至
连国王都不得不礼贤下士。孟子之言并非不当,然而又能怎么样
呢?像魏国这样高度发达的文明社会,就像是一台已经组装好了
的机器,给它动力就能运作,但是,最初给它动力时决定下来的运
动方向却是难以改变的。虽然太子申在与齐国交战之前就已经
明白,撤兵才是贤明之策,但在周围舆论的鼓动下只能无奈交战,

最终兵败被擒,并被作为齐国祭祀社稷的牺牲。想到这件事,不禁为惠王撒下了一掬同情之泪。战国诸王建设强大的常备军以确保自身的安泰,在这一方面确实做到了;然而,同时又产生了另一个苦恼,这就是往往会受制于军人,发动一些并无多大意义的战争,从而消耗了自身的国力。四战之地的魏国,对因战争而引起的国力消耗感受尤其深刻,其他各国肯定也有同样的感受,只是程度不同罢了。

朴素的民族——秦

战国七雄之中,开化最晚的是秦国。秦国的未开化正是秦国最大的强项。秦人野蛮单纯,易于控制,生活水平低下,能够忍耐攻城野战的困苦。秦孝公元年,卫鞅从魏国亡命到秦国,向孝公献上了富国强兵之策。这件事发生在孟子见魏惠王前二十五年,从这件事情上可以看出,魏国不仅无法采纳孟子的王道政策,就连卫鞅的霸道政策也无法采用。秦孝公很欣赏卫鞅,让他制定新法,并将新法推行到全国。新法规定:把人民按什伍制进行组织,让其相互监视,知道有人做坏事而不告发者处死,能够告发的赐爵一级。致力于农耕而多获粟帛者免其税役。追逐工商之利以及因懒惰致贫者,则收录其妻子儿女,没为官奴。私斗者严罚,有军功者重赏。宗室贵戚不立军功则等同平民,一切按军功的多寡论尊卑爵秩等级。这些改革措施,即使在传统较少的秦国都遭到了猛烈的反对,但秦孝公还是顶住了贵族特权阶级的压力,将新法付诸实施。如此惊心动魄的革命性事业,在中原诸国是绝无可能出现的,而秦国却能将之贯彻实施,这让我们看到了秦国未来发展的可能性。孝公死后,卫鞅遭到了保守贵族的疯狂报复,被处以车裂,但他的新法却在秦国得到了继续贯彻,秦国的国力也因此得到了飞跃发展。

秦进取中原最大的目的,依然是魏国境内的解州盐池。魏国不得不将黄河以西的领土让与秦国,迁都大梁后,靠近黄河东岸的盐池也就完全暴露在秦的攻击之下。在这种形势下,原来一直与魏国为敌的中原诸国,似乎已经看到了秦国吞并这块土地以后的结果,一改以往敌视魏国的政策,转而援助魏国,共同对付东进的秦国,苏秦的合纵策略就是在这样的形势下应运而生的,目的就是想联合解州池盐消费区域内的赵、韩、楚,加上齐、燕共六国来共同阻止秦国抢夺盐池的野心。然而,六国的利害未必一致,苏秦的合纵之约旋告夭折。但是,一旦秦国真要渡过黄河出兵盐池,至少韩、赵两国会出兵援助魏国,因此,秦国想乘势东进也并非是件容易的事。这里,秦国采用了张仪的连横策略,与六国媾和,让六国一时安下了心来。乘着这个机会,秦国向南伸张势力,掠取了汉中巴蜀之地,国力得以更加充实,然后开始了新一轮的东方经略。对秦国而言,最先的一个契机是齐、燕之争。齐国攻破燕国,虽然接下来的经营并不成功,但齐国的国力依然得到了较大的发展。在这种形势下,秦国首先将齐国从六国之中离间出来,时而抬高齐国,相约与齐国共称西帝、东帝,时而又笼络楚国,让其与齐国断交。齐国与秦国在地理上相隔甚远,又不依赖解州盐池的食盐供给,因此与其他各国相比,缺乏抗秦援魏的热情,于是,秦国得以集中全力攻打魏国。将军白起率秦军攻拔魏国六十余城,魏无力抵抗,只得将故都安邑和盐池一起献给秦国求和。获得了财源之地的秦国,势力一发不可收拾,吞并六国的形势已经出现。秦国之所以能够在与六国的争战中取得决定性的胜利,还有一个重要原因,这就是战国中期以后战术上出现的变化,即骑兵战术的盛行。

西方文明的影响

中国上古时期的战斗以车战为主。战车通常由四匹马牵引,《诗经》等文献中经常可见"四牡骈骈"等句子。即使到了战国时期,各国的贵族军队采用的依然是战车战术,狩猎也是站在战车上射杀猎物。春秋末年以后,平民开始加入到军事活动中来,遇上大军作战,由于无法提供那么多数量的战车,步兵作战开始盛行。然而由于步兵方阵缺乏灵活性和机动性,行动迟缓,在战斗中难以取得决定性的胜利,于是到了战国中期,开始出现了骑兵战术。骑马作战,除了马匹的调教以外,还有一个不可缺少的技术条件,这就是护蹄马掌的使用。骑马战术的采用,通常将之归功于与孟子几乎同时代的赵武灵王。赵武灵王首先向北方的胡人学习了骑马战术,即著名的"胡服骑射"。赵国的疆土,北方与游牧民族匈奴相接,西边与楼烦胡相接。其实北方胡人骑马战术的历史并不悠久,他们也是从遥远的西亚人那儿学来的,推测胡人掌握了骑马战术后不久便被赵武灵王所采用,紧接着秦人也开始效仿。骑马战术的东传,恐怕也暗示了保护马蹄的马掌从西方传到了中原这一事实。中国铁器的使用与铁蹄的使用或许有着很大的关系。中国铁器的起源还不是很清楚,不过,铁字的古字写作"銕",如果将之理解为"夷人"使用的金属,那么,铁和铁器的使用来自外国,这似乎是毋庸置疑的。亦可见铁最早不一定是用来制作利刃的,更多的可能是用来制作钝器。不管怎么说,赵国自武灵王采用"胡服骑射"后,一时间国力呈现出快速发展的势头,但是,收效更加显著的却是仿效赵国的秦国。从此以后,一个武装起来的骑兵,凭借一匹训练有素的战马,就可以摆脱地形道路的束缚,在旷野上驰骋跋涉,长驱直入。中原各国对骑马战术的效率还处在半信半疑之间,秦国已经基本上完成了骑兵的装备,并向自己的劲敌赵国展开了血腥的决战。赵有名将赵奢、廉颇,秦有猛将白起,长平之战,白起击破赵将马服君之子赵括,坑杀赵军四十万,赵国从此萎靡,无力重振。这场战争的次年,秦始皇诞生。秦始皇十四岁即位,即位后十七年灭韩,十九年灭赵,二十二年灭魏,二十四年灭楚,二十五年灭燕,二十六年灭齐,天下归于一统。这一年为公元前 221 年。此时,西亚正处于希腊化时期的末期,欧洲正值罗马统一意大利半岛,击破地中海对岸的迦太基,迦太基的英雄汉尼拔伺机复仇之际,正是一个"山雨欲来风满楼"的时期。

（四）秦帝国与楚霸王

东洋历史上的首个大帝国

秦王朝是中国历史上最早的大帝国。周王朝最强盛的时期,虽然能够号令中原,但其能控制的区域亦仅限于今河南省及其周围地区,只不过是秦王朝的几分之一,而秦朝却已经控制了今中国本土十八省的大部分区域。与西方古代历史的比较也颇有趣味。波斯大流士大王统一古代东方诸国是公元前518年,比秦始皇约早300;亚历山大大帝率兵东征,灭亡波斯帝国是公元前330年,比秦始皇约早100年;迫于亚历山大大帝东征的压力,应运而生的印度孔雀王朝阿育王南征北战,将帝国的版图推向了空前,这一年是公元前261年,比秦始皇统一中国约早40年。前面我们已经说过,秦国之所以能够灭六国实现中国的统一,其重要原因之一是掌握了西方传入的骑马战术。其实,在统一以后巨大帝国的统治方策上,秦王朝所采取的手段也与西方如出一辙,东西方表现出了惊人的一致。

秦始皇统一天下以后,为了让皇帝的威严光被万民,他多次巡幸,每到一处,都要刻石记功,训导百姓,以垂后世。并以都城咸阳为中心,向四方建设驰道,这些重要的军事通道确保了中央与地方的密切联系。同时,统一了全国的度量衡、文字及货币。自波斯大流士大王以来,凡是强权君主,在征服各国以后,都会采取几乎同样的措施,确保统一国家的运作。不过,向来归功于秦始皇的郡县制度,虽然貌似波斯帝国的设省置总督的州长制,[①]但并非始于秦始皇,早在战国时期各国内部就已经实行,秦始皇只是消除了七国的国界,在帝国疆域内统一推行而已,结果天下便分为了三十六郡。战国时期各国在国境线附近建造的长城也失去了原有的作用,秦王朝将筑长城的做法推向了北方,建造了意在阻止匈奴等游牧民族南下的万里长城。

然而,以强盛而矜夸的秦王朝,在始皇帝统一天下后 12 年,因始皇帝的死去和二世皇帝的继位,天下即刻大乱,帝国随即灭亡。秦王朝灭亡的原因,过去通常都将之归结为秦朝政治的暴虐,但是,有一点应该引起我们的重视,这就是,秦代的历史均出自汉代史家之手。在汉代史家眼中,全国百姓因长年的统一战争而疲惫不堪,而统一以后的秦王朝却没能让百姓休养生息,北筑长城,南攻南越,置岭南屯戍五十万,民众困于重役,揭竿而起。不过,实际情况恐非如此。战国以来,各国一方面战事不断,另一方面也致力于国力和人民财力的提高,也正因为如此,各国才经

---

　① 　指古波斯帝国的 satrap。

得住延绵百余年的战争。秦王朝的快速灭亡,正说明了被秦国征服了的六国遗民,依然拥有再次结集力量与秦一争天下的实力,这可能更接近事实,考虑到秦王朝灭亡后中国再次陷入长达数年的楚汉争战这一事实,这一想法就更加确定了。

秦朝灭亡的原因

战国七雄之间的对立至少持续了约二百年。七国之间的对立,并不是由原来的一个整体分裂以后的那种相互对立,七国的对立可以追溯到春秋时期,甚至可以追溯到中国历史的起始阶段,当时的小对立,在后来的发展中不断地积聚,最后形成了大对立。因此,被秦国征服统一了的各国民众,其独立情绪的旺盛是自然之势。要统治好众多原本不同性质的社会,这本来就不是一件容易的事。秦国乘六国统治阶层腐败,各国的合纵政策又难以步调一致的机会,苦心经营,各个击破,统一了天下。从结果上来说,为六国剪除了腐败的统治阶层,这不啻是件好事,但是,统一以后的秦王朝,并没有满足六国民众向往和平的愿望,反而迫不及待地用秦国的政策来同化他们,从而招致了六国民众的强烈不满,六国民众因此乘始皇帝去世之机,举起了反秦的旗帜。在这样的社会情势中,一旦六国在新的领导人的组织下结集力量与秦王朝对立,秦王朝是没有实力来对抗的。并且,在六国平定之后,中原文明急速影响到了秦地,以皇室为首的统治阶层很快就中了文明之毒,内部的腐化在所难免。秦王朝快速灭亡的最大原因,一方面是因为实力的不足,另一方面是内部的腐化,因此,以往那种从道义上所作出的解释,毋宁说是次要的原因。

战国时期的秦人,虽然尚未完全开化,不乏野蛮之性,但极具朴素纯真的一面,有着战士最应具备的素质。之后流亡到秦地的中原政治家在秦国受到了重用,开始参与并指导秦国的国政。宰相之中,自商鞅以来,来自魏国的人很多。魏国是中原文明最为烂熟的土地,生活在那里的民众头脑最为复杂,魏国的衰落,绝不是因为缺乏人才,而是政治家的过剩。迫不得已离开魏国的流亡者们,给秦国带来了当时中原最为先进的法家思想,试图在秦国实现他们的理想。法家的政治原理,若用于古老的文明社会,则会产生许许多多的副作用,然而,如果将它注射到体魄强壮的朴素人群身上,则能成为美事。秦统一后,接受了法家思想教育的秦人,成为官吏,统摄地方政治,而中原地区的民众,早已习惯了古老的文明,人心复杂多端。年轻的法家官吏,无视中原历史的渊源,无视中原民众的风俗习惯,只是将秦人的法律强加于中原民众,从而招致了六国民众的反感,这似乎是情理中事。不用说,文明社会有着各种各样的陋习,法家式的武断政治,在矫正这些陋习上不无贡献,但是,新生的秦王朝却尚不具备镇压民间所有反对情绪的实力。另一方面,盘踞于旧六国社会内部的豪族势力,即使改了朝换了代,他们却依然拥有着潜在的实力。秦王朝虽然灭了六国,但其军事力量以及对民众的监控力度却远远无法控制到全国的各个角落,这就是秦王朝最大的弱点。然而,秦人对这一点却缺乏深刻的认识,将对待本国朴素民众的手法,同样用来对待那些狡猾的文明人。祸害秦人的,其实就是这样一种空想的、无视现实的、机械的法家政治。

秦统一六国之际,中央政府并没有事先制定出相应的政策来处置六国社会的残骸——豪族。为了加强对六国旧势力的监督,秦始皇也曾强制迁徙十二万户的六国富豪到都城咸阳附近,然而,对秦王朝而言,那些漏网的最危险分子依然大量地分散在全国各地,这也是秦朝政府不了解地方实情的一个旁证。抑制和打击兼并是法家的理想,但是,到了这个时候,在秦人内部,法治主义的精神已经开始堕落,秦始皇为蜀地的大财阀寡妇清建立了怀清台,给在国境线上从事走私贸易而获得巨大利润的乌氏倮以贵族待遇,甚至提拔商人让其领军,认可重要宦官参与政务机要。因此,博浪沙暗杀秦始皇的张良没有能够逮捕正法,杀人外逃的项梁没有能够捉拿归案,秦朝的政治已经支离破碎。

楚国的重建

秦始皇死后的第二年,戍卒陈胜在被送往渔阳的途中举起了反秦大旗,一直在等待时机的地方豪族一时蜂起,纷纷纠合势力,拥立六国后裔,出自楚国的项羽即是其中最强大的一支。战国时期的楚国是春秋以来的旧国,由于其领土不断扩展,版图辽阔,因此,中央贵族的文弱化风气并没有过多地渗透到地方,各地大多保持着固有的传统习俗,蛮风依旧,对秦人的进攻采取了最顽强的抵抗,直到楚国灭亡。秦国发动灭楚战争之初,将军李信率领二十万秦兵南下,结果大败而归。秦国不得不派出老将王翦,倾全国甲士,发动大军六十万,好不容易才将楚地平定。因此,在统一后的秦朝,一旦有谁想跳出来复仇,那么这个人肯定是楚人,这在当时已是一种共识。战国后期,楚国的重心逐渐东移,楚国的发祥地今湖北省一带称南楚,淮河流域的楚地称西楚,长江南岸旧吴越之地称东楚,合称"三楚"。三楚之中,南楚疲弊,西楚、东楚富强。项梁、项羽叔侄原是西楚之人,起兵反秦却在东楚,因此,其军队中的骨干力量其实是吴人子弟。春秋战国时期,由于长年接受文明生活的熏陶,作为楚国中心地区南楚的楚人已经相对文弱,而偏远的东楚之地却依然保存着雄武的民风。后来与项羽对立的另一大势力刘邦是西楚之地的沛人。

秦政府得知六国旧地叛乱猖獗的消息,派遣将军章邯率大军东出。乘乱重建的齐国、魏国等诸侯,多属乌合之众,在秦朝正规军的强力攻势下频频败北。然而,在项羽率领下渡江北上的楚军,在巨鹿与战无不胜的秦军相遇后,破釜沉舟,立志与秦军一决死战,前后九战,大败秦军。闻风赶来助战的诸侯军,因恐惧秦军,不敢出阵,只是心惊胆战地在远处眺望楚军的奋战。战斗结束后,诸侯军将纷纷来到楚军阵中庆贺,在威风凛凛的项羽面前,顿首膝行,不敢仰视。通过巨鹿的这场战斗,项羽的霸权很自然地得到了诸侯的承认。正值此时,朝廷内部也发生了宦官赵高弑杀秦二世的事件,秦将章邯投向项羽,于是,项羽率诸侯之兵向西挺进,直逼函谷关。

正当项羽率兵在巨鹿与章邯酣战之时,楚军的偏将刘邦率领一支军队抄小路从武关进入关中,接受了秦三世皇帝的投降,占有了都城咸阳。项羽入关比刘邦晚,在鸿门召见刘邦,展示了自己的威势。此时,军事力量远不及项羽的刘邦,在项羽强大的军事实力面前只得俯首从命。

项羽的谋士们都劝其定都关中,依凭山河之险,控制天下。毋庸赘言,在谋士们建议定都关中的诸多条件之中,当然也包含了解州的盐利。然而,项羽是一位纯粹的楚人。他是楚国名家之后,先人代代为楚将,并受封于西楚的项地。他的理想是为灭亡了的楚国惩罚秦人,他爱楚至深,憎秦亦至深,进入咸阳后,马上杀害了已经投降了的秦三世皇帝,大肆屠杀秦人,焚烧秦朝宫殿,大火三月不息。对谋士们定都关中的建议也是充耳不闻,率兵退回自己的根据地,定都彭城,重建楚国,自称霸王,满足于号令诸侯的地位。

汉楚之争为秦楚之争的延续

秦朝灭亡后,天下的局势很难收拾,作为武将的项羽并没有一个成熟的处理对策。为了结集反秦力量,他曾经寻求六国的后裔,拥立他们复国。但在反秦的实际行动中,起到了关键作用的却又是那些乘机崛起的草莽英雄。从道理上来讲,秦朝灭亡后应该恢复六国旧有的疆域,但又无法不顾在战斗中立下军功的诸将。于是只得将天下分封为二十个诸侯,新旧诸侯犬牙交错。对项羽的领土分配,新旧势力均不满意,尤其是新兴的诸侯,依仗自己手中的军事实力,动辄发兵,掠夺他人土地。在背后煽动诸侯闹事的,其实就是刘邦。刘邦在中原动乱之际,最早率兵入关平定秦地,在灭秦战争中可以说立了大功,灭秦后虽然受封为新诸侯,但由于受到项羽的猜忌被分封到偏远的巴蜀汉中之地,称汉王。从此以后,出生于西楚的刘邦,出于与项羽对抗的需要,以秦朝后继者的形象登上了新的历史舞台,利用秦人对楚人的愤恨情绪,举起了打倒项羽的旗帜。只是担心这样一来会招致六国民众的反感,于是仍旧使用楚国分封的汉王之名,因此,汉楚之间的争斗实际上是战国时期秦楚之争的延续。

当时的形势,从一开始对汉就相当有利。虽然秦朝的统治阶层被秦始皇时期的节节胜利冲昏了头脑并开始堕落,但是秦人却依然保持着威武雄伟的精神,尤其是在目睹了项羽残害秦地的暴行之后,对楚人更是充满了愤怒,很快就在新的旗帜下振奋了起来。汉楚两大势力的交锋,沿战国时期魏都大梁附近南北走向的鸿沟展开,荥阳、成皋等关隘成为重点争夺对象。汉军屡屡突破鸿沟攻略楚地,但楚军却始终无法突破鸿沟进入汉地。不过,项羽率领的江东子弟也不是好惹的,凭借吴人的威猛,一而再,再而三地将刘邦逼进困境。对汉而言，此时最有利的因素是汉将韩信对河北的经略，随后又平定了齐地；与之相反，长江中游的南楚之地却背楚降汉，楚军后院起火。枭雄一时的项羽在四面楚歌声中丧魂落魄，最后命丧乌江。取得天下并在此后繁荣了数百年的汉帝国，其实就是短命的秦帝国的重建。

吴人风发的意气，不得不一时屈服于汉。然而，源远流长的民族精神并不会因此而丧失殆尽。西汉前期爆发的吴楚七国之乱，就是吴人与楚人、齐人一起向秦人发起的再次挑战。至东汉末年，孙吴政权举起了与中原抗衡的旗帜，再一次发泄了自己民族的郁愤。

（五）汉代社会与匈奴民族

似是而非的封建制度

汉高祖刘邦在与项羽争夺天下的那几年间，一开始也曾经利用过六国的后裔。然而，随着形势的日趋混沌，在遇到决定生死存亡的大战时，那帮旧诸侯的子孙们开始首鼠两端，向背暧昧，难以信赖。刘邦于是抚慰草莽英雄，让其效犬马之劳。汉楚之间的争战，持续的年月虽然不是很长，但已足以将落后于时代的旧势力彻底清除出历史舞台。刘邦的股肱之臣张良，早年的人生目标就是复兴故国韩国,在秦始皇统治时期还曾经暗杀过始皇帝,暗杀虽然没有成功,但张良无疑是一位杰出的爱韩国主义者。经过汉楚之争的洗礼,张良的人生目标也发生了彻底的改变,以辅助汉朝、开拓国家的新局面为己任,专心治国之道。这样一来,刘邦在战后处理上障碍就少得多了。消灭项羽后,刘邦马上将各位将领统帅的军队收归朝廷,对强势的将军韩信、彭越、黥布等人论功行赏,分疆裂土,封为诸侯。分封的诸侯之中,没有一个是六国的后裔。想当初项羽称霸之时,一方面有旧六国的问题,另一方面,对自己部下的人事权也无法干预。诸将带着与自己曾经同甘共苦的哥儿们奔赴领地,这也成为此后刘邦之所以能够战胜楚霸王的重要原因。汉高祖将韩信等人分封为大诸侯的同时,却将他们的部将控制在自己手中,对立有战功的人多少给些土地,分封为小诸侯。这一政策的结果,国家虽然一时间出现了众多的小诸侯,但司马迁在《史记》中却称其天下因此大定。接着,在楚王韩信、淮南王黥布等人分赴封地尚未站稳脚跟形成势力之时,汉高祖就像踩气球一样,一个一个将其踩破。韩信被封为楚王回到淮阴后,对有一饭之恩的漂母赏以千金,把曾经侮辱过自己的市井恶少提拔为将校,这些故事反过来说明了新楚王势力上的孤立无援和胸中的烦闷。韩信等异姓诸侯最终都成了牺牲品,汉高祖将他们广袤的封地转封给了自己的子侄,其中封地最大的有侄儿吴王、长子齐王、兄弟楚王等九人。从此,非刘氏不王,成为高祖的遗训。

通常认为汉朝并用了西周的封建制和秦朝的郡县制,但仔细分析不难发现,汉朝的封建制与西周的封建制在本质上大相径庭。西周封建制给予同姓诸侯的是一个城邦国家,而汉朝给予同姓子弟的,齐国也好,吴国也好,可以说是一个帝国。齐国有七十余城,吴国有五十三城,从封国的国土面积来看,都可以与一个堂堂的帝国相侔。事实上,这些诸侯王的封国内部推行的却是郡县制,诸侯王无法将封国内的土地再次分封给本支的同姓子弟,因此形成不了双重或多重的主从关系,存在的只是诸侯王与中央政府之间单一的封建从属关系。汉初实行分封制的必然性,应该说是来自秦朝空想的大一统政治的失败这一历史教训。西汉在秦都咸阳的附近建立了帝国的都城长安,基本上将解州池盐的消费区域定为中央的直属领土,采用秦朝的郡县制进行控制;而对于远离都城的地区,考虑到完全因袭秦法与本地的旧俗之间可能产生的矛盾,于是分封诸侯王,让这些地区在诸侯王的统治下实行地方自治。王国的官吏均从当地选拔,从而王国的政治能够遵从当地的习俗展开,中央政府对王国事务的参与,只是派遣一位国相对之进行督察而已。作为国家编户必须承担的兵役、徭役、租税等一切义务,王国的民众只要向诸侯王负责即可,免除了秦朝那样逼迫遥远的楚地民众前往长城沿线戍边的骚扰,民众得以在当地安心生产和生活。诸侯王对中央政府的义务,则是将封国内的租赋按一定的比例上缴中央,遇上战事则率兵从征。

原本具有地方自治监管人性质的诸侯王,在以后的发展中逐渐变身为地方利益的代表者。这种变化似乎是很自然的。何况当时儒家提倡的那种政治道德尚未普及，汉高祖自己又是匪徒出身，对自己的子弟根本谈不上什么好的家庭教育。中央和地方之间，随着世代的推移，血缘关系渐渐疏远，两者之间紧密结合的精神纽带也逐渐松弛下来。这样一来，地方上的诸侯王慢慢失去作为中央政府藩屏的意义，反而成为妨害汉朝政治统一的绊脚石。高祖以后，经惠帝、文帝兄弟的治理，中央政府的权威逐渐得以巩固，景帝即位后，逐步抑制诸侯王的势力，并听从晁错的建议开始削藩，因而引发了吴楚七国之乱。吴楚是当年项羽的根据地，这场叛乱可以看成是楚人对秦人的第二次争霸挑战。在对吴楚七国的用兵中，周亚夫发挥了重要的作用，最终以吴楚兵的失败而告终。吴楚七国之乱，不但没有削弱中央政府的力量，反而增强了中央政府的威势。此后，中央政府再次对分封制度进行了调整，诸侯王死后，中央政府将封国的土地分给其子孙，建立更多的诸侯，而这些诸侯又都直接隶属中央，即所谓的"推恩令"。这是一项非常狡猾的政策，诸侯找不到反对这项政策的理由。经过几代的推恩，原来封国的土地被分割得鸡零狗碎，诸侯们再无可能与中央对抗。到了景帝之子武帝时期，统一政策日益强化，不断改易诸侯国王。其结果，诸侯国的数量虽然看起来还不少，但其性质已与汉初大相径庭，当年秦始皇理想中的郡县制大一统的国家终于得以实现，这距秦始皇统一天下已有大约 80 年。在政治大一统的形势下，汉武帝也开始仿效秦始皇的做法，屡屡巡行天下。原来,诸侯王作为诸侯国的主权者,在王国内部使用的是本国的纪元,与中央政府皇帝的纪元是对等的。至此,汉武帝建立了全国统一的年号,诸侯国也必须使用。使用汉朝皇帝的年号,这就等于承认了汉朝皇帝的主权。汉武帝还在思想上进行统一,采纳董仲舒的建议,将儒学定为官学,并遵从儒学的教义,规定了朝廷的服色和制度。

长城以北新民族的跃动

经过汉初数十年的经营,到汉武帝时,汉朝已经是名副其实的大帝国了。然而,统一了中国本部的汉帝国,这一次不得不面对在其北方成长起来的游牧民族匈奴,两者之间沿长城内外展开了一场殊死的争战。北方蒙古高原自古以来就是游牧民族驰骋的舞台,但是,发展到武力强盛,并能结成民族大团结,南下对中国形成威胁,这个历史似乎并不太长。这种局势的形成应该是蒙古高原的游牧民族引进骑马战术以后的事,相当于战国中期以后。战国时期的燕、赵、秦三国与北方的游牧民族接壤。燕将秦开曾经讨伐东胡,拓地千里,并在北部边境上修筑长城,防御胡人的南侵。赵、秦两国的北方阴山山脉一带有匈奴,势力不断强大,赵将李牧曾北破匈奴,修建了包含黄河北曲在内的长城,保证了西域经商通道的畅通。

秦统一天下后,将军蒙恬曾率大军三十万,击退侵入河套的匈奴,在修复燕、赵古长城的同时,秦又修起了西起临洮,沿黄河,连阴山,直至辽东的万里长城。正是这个时候,匈奴出现了伟大的英雄冒顿单于,东破东胡,西灭月氏,统一了蒙古高原。此时的中国正处于楚汉争战之中,无暇北顾,冒顿单于乘机越过长城南下。打倒项羽以后的汉高祖刘邦,亲自率兵赶赴平城与匈奴决战,战事失利,被四十万匈奴骑兵包围,后经赠送大量金帛才得以脱身。

匈奴是蒙古高原上最初出现的民族大团结。匈奴民族的人种属性其实并不十分清楚,从血缘上来看,将之视为现今蒙古民族的祖先应无大错。游牧民族之间,日常的迁徙是其常态,征服与被征服,很多情况下只是统治者的更迭。即使统治者发生了更替,原有的居民也被重新组织,但不能想象原先的族群完全灭绝,然后由完全新来族群繁殖壮大,这种可能性是几乎没有的。满洲自古以来居住着满洲人,蒙古高原自古以来居住着蒙古人,阿尔泰山以西居住着突厥人,这些民族虽然构成了这些地区居民的主干,但是,统治这些地区的主权者却在三者之间不停地交替着,只有这样才能理解这一广大地区的古代历史,而以主权者的族属来涵盖其统治下的所有民族,难保不犯大错。

匈奴的军制采用的是十进位,什长、百长、千长,千长之上有万骑长。这种十进位的级别区分是最简单、最原始的模式。其实,匈奴军事的最大特色是全民皆兵,每一个成年人就是一个战斗单位。匈奴的所有社会习俗,也可以从这个事实中看得一清二楚。在中国人眼中,匈奴人贱老尊壮,父子同卧穹庐,不知礼仪等等,都是不可理喻的现象。匈奴社会凡事都集中在保全武力、简化生活上,中国人则习惯性地以生活富足为前提的文明社会的规则来衡量游牧民族匈奴。对于父死子娶其庶母、兄死弟娶其嫂的野蛮习俗,中国人将之归咎于匈奴人把女子作为财产,而对于盛行掠夺婚姻的游牧民族而言,则是一种无奈之举。其实,对于匈奴人的这些陋俗,只要他们心目中能够做到善恶有别,严惩违规,健全日常生活,我们就应加以尊重。但是,当时的中国社会,理想与现实之间,主义与生活之间已经产生了巨大的隔阂。长期在匈奴生活的汉人中行说,曾向出使匈奴王庭的汉朝使者辩护过所谓匈奴人的陋习,他的这些言论中,其实包含了许多值得思考的道理。

汉高祖与冒顿单于缔结和亲之约后,汉朝将宗室之女嫁与单于,每年贡纳绢帛酒米以讨匈奴欢心,惠帝、文帝两朝继之不改。文帝在位时期,汉朝公主嫁给老上单于,随嫁人员之一就是中行说。中行说起初非常不愿随行,但恳请再三未果,于是他行前发毒誓,公开声称自己到匈奴后一定会祸害汉朝。匈奴的社会发展程度较低,君臣之间也没有什么太大的差别,单于对汉朝每年进贡的物品非常欣赏,逐渐喜欢上了汉式的生活。面对这样的变化,中行说极力谏止:匈奴的人口不如汉朝的一郡人口,而之所以能与汉朝抗衡,完全是因为两者之间生活模式的不同,不用依靠汉朝的物产就可以自给自足。一旦匈奴的生活必需品有十分之二要依仗汉朝,那么,汉朝即刻就能致匈奴于死地。草原上的人如果穿上丝绸,马上就会磨破,不如裘皮来得坚实。匈奴人必须排斥汉人的酒饭,饮食自己出产的乳酪。中行说的这些言论非常恳切。在此后的日子里,中行说作为匈奴对汉朝外交政策的顾问非常活跃,动辄谩骂汉朝的来使,以发泄自己心中的郁愤;汉朝的态度稍不中己意,则鼓动匈奴起兵侵略汉土,掠夺人畜。

对汉朝来说,匈奴无疑是令人恐惧的存在。匈奴骑兵迅速机动,来时如疾风骤雨,去时如烟消云散,汉兵对之无可奈何。汉朝如沿长城设置重兵把守,则国家财力有限;如将重兵集中一处,则又无法应对匈奴的神出鬼没。文帝时,贾谊上书,力称匈奴的侵略已经成为汉朝社会的两大心腹之患之一,坚决主张采取积极的应对政策。晁错则比较了匈奴与汉朝军制的异同,称匈奴的长技有三,即马匹的调教、马上的骑射和行军能力的持续;与之相比,汉人的长技有五,即平地上的车战、远射程的弓弩、数矢齐发的弩机、坚甲利刃以及步兵战斗,加上北方游牧民族降汉者数千人,利用他们可以壮大汉兵势力,协助共同讨伐匈奴。晁错的分析值得注意,匈奴可以利用汉人来对付汉朝,汉人也同样可以利用游牧民族来对付匈奴。

匈奴老上单于死后,军臣单于继立,军臣单于死后,匈奴出现内乱。军臣的太子於单投降汉朝,汉廷逐渐掌握了匈奴的内情。汉武帝之所以派遣张骞出使西域,试图联合月氏夹击匈奴,也应该是基于匈奴降者的情报而做出的决策。不管怎么说,从这一时期开始,汉朝对匈奴采取了积极的政策。自将军卫青率十余万汉军北破匈奴右贤王起,汉、匈之间互有胜负。汉军的主要攻击目标是匈奴势力较弱的西边,霍去病攻破休屠王之后,浑邪王杀死休屠王,率四万匈奴降汉。浑邪王和休屠王的领地原是乌孙、月氏居住的地区,那里的居民并非纯是匈奴人,况且这一地区自古以来就是东西交通的要冲,虽说也是游牧民族,但受西方文明的影响颇深,因此在汉军的攻击下没有怎么抵抗就投降了。汉朝将这些地区分为五部,隶属于汉朝的北边五郡,使其充当长城附近的前哨。从此,汉朝获得了驱使这些属国骑兵的机会,才有了卫青、霍去病率领骑兵横断大沙漠远征外蒙的可能。汉朝在优秀骑兵的配合下进入匈奴腹地,匈奴原先的奇袭战术也渐渐失去了功效,在汉军的追击下,只能在沙漠边缘来回逃窜。汉军对匈奴的征讨,可谓发挥了以夷制夷的妙谛。匈奴受到汉军的重创,北逃西窜,漠南无王庭。汉、匈战争的这一结果,成为东西交通史上的里程碑,汉朝最终实现了对西域的经营。中国与西方的交通,并不止于单纯获得葡萄、苜蓿、琉璃、珊瑚等奇珍异宝,它给中国的商业、产业都带来了莫大的刺激,在以后的几个世纪中,甚至还影响到了中国社会的方方面面。由于这些内容超出了本书的叙述范围,因此无法详谈,也无法包罗,我们接着看下面的问题。

文明社会的苦恼

汉朝在武帝之后,昭帝一朝没有发生什么大事,经过宣帝到了元帝的时候,北方的匈奴日益衰败,内讧不断。呼韩邪单于率众降汉，留居在漠南的内蒙古高原；郅支单于在汉军的追击下败死，汉初以来的匈奴入侵问题至此暂时告终。

外患消灭的同时，汉朝帝室内部的分化却在不断升级。汉朝是中国第一个长治久安的大帝国，全国的租税和贡赋数量庞大，集中到中央的财赋难以胜算。中央的财政又可分为帝室财政和国家财政这两大部分，收支会计上自有不同。虽然如此，但在中国，宫中和府中的界线本来就不是非常明确，加之帝室财政所拥有的财富可与国家财政匹敌，因此很自然地奢侈之风便以宫中为中心蔓延开来。尤其是汉武帝，嗜好豪奢，开一代奢侈之风。宣帝时虽然一时间采取了紧缩政策，但到元帝时，奢侈之风远过前代。在如此庞大的帝室财富面前，各种各样的势力就像蚁之趋甘，加入到了分占宫中财富的行列之中，角逐较量时而异常激烈。在众多的势力中，处于最有利地位的不用说就是外戚和宦官。

春秋及战国是诸侯争战的时期，诸侯的妻妾经常是从他国迎娶，因此外戚的待遇问题始终没有成为问题。到了汉代，高祖出身卑微，从起事到称帝，妻家吕氏的后援不可小视，在高祖死后甚至一时间出现了吕氏势力凌驾刘氏势力之上的危急局势。以后这种风气渐成旧习，外戚的地位非常高。只要与帝室联姻，外戚似乎就获得了与帝室同等的交际平台，尤其是在天子幼小时期，外祖父则成为幼帝的监护人，可以在宫中为所欲为。为了消除外戚为祸的隐患，汉武帝临死前立了昭帝为太子后，下诏将其生母赐死，但这样的悲剧并无法改变外戚干政的现实，昭帝时有外戚上官氏的阴谋,宣帝时有外戚霍氏的专权,元帝以后,外戚王氏的干政达到了顶峰。总而言之,外戚的问题是进入汉代以后才出现的,政治上用心颇深的儒家也好,法家也好,都没有料想到会出现这样的问题,因此在他们的学说中找不到相应的规矩可循。汉代的政治家对处理外戚的问题也毫无经验可言,提出来的建议亦无定见。因此,当外戚的跋扈发展到了无可容忍的地步,汉朝天子便会利用身边的奴才宦官来对其进行压制。中国的政治,摆脱了上古族人会议的束缚以后,随着君主权力的确立进入了宫廷政治的阶段,嬖臣,其中尤其是宦官,往往被君主卷入政治,一些宦官个人因此还能在政治上形成一大势力。宦官专权的故事春秋初年即开始见载于史籍,秦朝则有赵高等人,他们的干政,成为秦朝短命的原因之一。但是,这些都是一些突发性的事件,宦官最终能结成党徒,在政治上培养自己的势力,与外戚或大臣抗衡,这种现象,曾经的儒家也好,法家也好,也都没有意识到。外戚和宦官的专权,是汉帝室的财力、权力膨胀到了君主无法控御之后的结果。从这一点上来看,可以说,春秋战国时期的宫廷中倒是多少保存了一点朴素主义的精神,到了汉朝以后,弥漫于整个社会的文明主义生活,首先在宫廷中暴露出了它的弱点。不过,就西汉而言,在外戚与宦官的势力争斗中,多是外戚取得胜利,还没有发展到东汉时宦官势力完全控制帝室那种不幸的局面。这是因为在西汉时期,一般的社会空气中还保留着一些健全的氛围,就社会整体而言,还不允许刑余之人的宦官过于胡作非为。

西汉末年的外戚王莽，从他篡夺汉室的经过来看，好像有些违背常识，有很多举动令人费解。我们都知道王莽笃信儒家教诲，几乎所有的施政都必须尊崇上古儒家的理想；但同时我们还必须清醒地认识到，王莽在另一方面又是一个演技高超的伪善者。王莽在篡汉的过程中，利用了当时的迷信即出自五行思想的谶纬学，当时的上流社会对这种迷信的迎合也帮了王莽的大忙。如果说迷信思想只盛行于野蛮民族之间那就大错特错了，事实上，文明越是高度发展的社会就越会相信迷信。野蛮民族之间的迷信，虽然荒诞无稽，但它依然是从人们的日常生活中渗透出来的，可以说是一种宗教性质的东西；而文明社会的迷信却是从文明人的生活中游离出来的，是一种游戏性的东西，但它却依然规范着文明人的行为。被非信念的迷信左右着的文明人是可怕的，这只能说明他们自己的生活也已经游戏化了。总而言之，汉代社会统治阶层的文明化，以及因文明化而引起的不自然性，使王莽篡汉有了可能，同时也使得王莽多少还有些新意的改革归于失败，最终与王莽政权一起同归于尽。

（六）东汉的中兴与豪族的发展

王莽抑制豪族政策的失败

王莽的篡夺行为，从国家主权的更替上来看，当然是其野心勃发的结果。然而,王莽试图推行的各项政治改革中,却又包含了许多儒家理想性的政策,从这一点上来看,不可否认,某种程度上王莽又是时代要求下产生的人物。

汉初对商人采取抑制政策,到了武帝时,由于在各方面都采取了积极的政策,商人的活动舞台扩大了。武帝时铸造五铢钱,确立了法定货币的权威性,商业投机开始旺盛;又由于财政方面的困窘,官府大开卖官鬻爵之道,这给财阀进入政界提供了绝好的机会。这些政策另一方面又促使了地方上豪族对土地的兼并,使得土地兼并最终成为汉代严重的社会问题。武帝时代是经济大变动的时代,一夜暴富并不是梦想,而是实实在在可以实现的。然而,商业毕竟是盈亏无常的产业,财产丧尽的危险性时刻在提醒着商人。对暴富以后的商人而言,最安全的投资对象莫过于土地。以末致财,用本守之,是当时人人都明白的道理。大资本投向土地以后,必然会采用大农业的经营方式,这对广大的自耕农而言当然是一种经济上的压迫,自耕农因此没落,有的甚至彻底破产沦为奴婢。其实,早在武帝时期,董仲舒就已经提出过限制土地的占有和提高奴婢待遇的建议。稍早于王莽的丞相孔光等人,在哀帝时也已经将限制土地和奴婢的政策部分付诸实施,但是,当时的官僚本身就是土地的兼并者,因此,孔光等人的政策在一片反对声中被葬送。王莽掌握实权后,议论已久的限制土地、禁止奴婢买卖的政策再次提上议事日程,官府最终发布政令使其付诸实施。接着又将最容易积聚财赋的制盐、制铁、酿造、山林、铜冶、金融等事业全部收归官有，禁止私人从事经营。这六项国家专卖事务称"六筦"。最后的金融一项又分为五个方面：制定统一价格即市平、滞销的商品由国家按原价收购、价高时政府所持的五谷物资按市平出售、向民众借贷祭祀丧纪的必需品、产业资本的借贷，也就是五种平抑物价的政策，合称"五均"。"六筦五均"其实是非常具有近代意识的一系列政策，至于其实施手段则更是经过了深思熟虑，但是，以不知实务的儒者来推行这些政策，即刻就显现出了失败之象。王莽其实也觉察到了问题并不是那么简单，没过数年便命令停止执行，但为时已晚，推翻王莽的势力已经遍布全国。背负篡权恶名的王莽此时已不知所措，直到刀架脖子还在口诵圣贤语录。

如果抛却幼稚的阶级斗争史观，公平地来观察这段历史的话，可以这么说，当时的兼并之弊虽然已经渗透到了社会的各个领域，不过，这是基于自然规律而出现的历史现象，兼并者在社会发展的过程中担负起了历史的使命，起到了应有的作用。黄河泛滥、饥馑、蝗灾等灾害发生时，无数流民无家可归。在没有任何社会保障可资活命的时期，收容流民，在自己的私有土地上奴役流民，至少保全了流民生命的，不用说就是这批豪族。当时的豪族与秦汉之际的封建性豪族已大不一样，他们是拥有大量资产的大土地所有者，即豪强地主。地方上的豪强地主如能顺利踏上官途，就会转变成官僚地主。但在王莽时期，这样的豪强地主尚未达到纯官僚的地步，因此，他们在中央任官时，对王莽的篡汉似乎并没有表现出多大的关注,倒是王莽推行的新经济政策让他们陷入了恐慌。但即便是这样,他们似乎也没有积极考虑过要与王莽对抗到底。幸还是不幸?王莽一心想统制经济领域,但事情却搞砸了。笨拙的经济统制,其祸害较之放任自流其实要严重得多。在这样的情势下,豪强们的消极抵抗促使社会陷入低迷。专卖制的诸种弊端中,食盐的专卖恐怕是最不得人心的,暴乱首先从南方地区今湖北省的汉水流域蜂起。依照后世的历史史实来类推,这场暴乱应该是食盐走私集团武力对抗官府压迫的一种抗暴运动。这虽是推测,但与事实不会相距太远。这场暴乱乘着经济领域的不景气很快在全国蔓延,最终被身为官僚地主的政治家们所利用,从而转变为一场推翻王莽统治的政治运动。以推翻王莽为目的的政治运动,最佳口号不用说就是恢复汉室,因此,一时间自称汉室子孙的人在各地纷纷举起了义旗。

借助豪族之力建国的东汉王朝

自称是汉景帝裔孙的刘秀与兄长刘缜一起在南阳起兵,投向了从今湖北北上占领了洛阳的下江、新市、平林三军之中,在军中拥立了与刘秀同族的刘玄为帝。刘秀受命北徇河北,在进军蓟的途中,路经邯郸时,受到了自称是汉成帝遗孤的威胁。汉代史书中称这个人其实是靠算命度日的王郎,但是,死无对证,到底谁才是真正的汉室子孙,这只能听凭后人来考证了。此时,上谷太守之子耿弇率骑兵来会,给刘秀的军队注入了强大的动力。上谷郡统辖着今北京地区,这一带与北方游牧民族接境,长期以来不仅给中原地区提供优质的马匹,而且这里的编户还常到中原来服兵役,北部边境的精兵一直是中原人恐惧的对象。耿弇的骑兵加入刘秀的部队以后,刘秀军威大振,在邯郸攻灭王郎,平定了黄河以北的广大地区,并在此称帝,改元建武。另一方面,先前由他们拥立的刘玄则进入长安,称更始皇帝。不久,拥立汉室子孙刘盆子为帝的赤眉军,攻入长安,杀死刘玄。刘秀率兵邀击赤眉军,赤眉投降。刘秀乘胜平定其他各路群雄,重建汉室,实现了汉王朝的中兴。刘秀即汉光武帝。

关于汉光武帝的中兴,有一个值得注意的现象,这就是西汉都城长安附近,亦即关中地区,到了东汉建立以后渐次失去了其重要性。西汉继承了秦朝的传统,关中的秦人是天下最优秀的战士,秦亡以后,关中的秦人击败了项羽,粉碎了吴楚七国之乱,也就是说,在那个时代,掌握了秦人也就掌握了天下。然而,到了王莽时代,曾经勇武威猛的秦人已与帝室一起堕落,开赴中原镇压叛乱的王莽诸军,在遭遇地方军或叛军时,屡战屡败,不可收拾。到了这个时候,就英勇善战而言,北方边境含有夷狄种群在内的骑兵,即所谓的"突骑",取代秦人成为天下最优秀的战斗之士。突骑的活跃,成为二百年后"五胡"骚乱的先驱。

另一个值得注意的现象是地方上豪族的态度。西汉晚期以来的土地兼并给社会造成的弊害是有目共睹的,但兼并似乎并没有达到饱和状态,而是朝着更大规模发展。换句话说,各地的豪族仍然处于不断的发展之中,土地兼并也好,进入政界也好,对豪族们而言,可争取的空间依然很大。王莽时期的社会混乱,并不是豪族们愿意看到的,他们希望的是战乱尽早结束,社会早日安定。政治中心附近发生的动乱,波及范围并不会太广,在远离政治中心的地区,地方豪族们为了自我保全,一时间与中央分离的现象时有发生,中央的形势一旦稳定下来,地方豪族又先后承认中央的权力,再次归顺中央。光武帝致力于对地方势力的怀柔,怀柔方策中最有效的手段就是授予官位,这样一来,地方豪族在进入政界尤其是进入地方政界就有了保障。东汉一朝,单纯从事土地经营的豪族,其官僚化的过程非常明显。但东汉朝廷对豪族们也并不是没有要求的,作为进入政界的交换条件,豪族们必须习儒,并按照儒家的教诲柔顺中央,承担起忠于国家的义务来。

光武帝平定天下后,谨慎小心地守着旧有的国境,没有对外经营的政策,这是光武帝的贤明之处。他深知天下的豪族们并不希望社会经济形势发生巨变,他们欢迎他的对外消极政策。正因为如此,也就没有了将游牧民族编入军队的迫切需要,因此,夷狄的跋扈无意中被推后了几个世纪。

所谓"名节之士"

光武帝用以怀柔豪族的手段之一,是依据儒家的行为规范来录用官吏。这项政策在东汉一朝终于开花结果,尊重名节的风气风靡整个社会,"名节之士"辈出。名节之士直言危行,以社会风教的监管者自任。东汉录用官吏的权限归于郡太守,郡太守接受中央任命来到任所,对太守府的属僚要进行整编,同时又要任命本郡的各县县令。太守从本郡以儒学为中心的社交圈中选拔有识之士,任为属僚,甚至还可以向中央政府推荐本郡的优秀人才。太守的权限好比封建君主,其手下的属吏,与太守之间有着实质上的君臣之分。尤其是经太守之手提拔起来的人,会因知遇之恩感激一生,忠诚一世。不过,就一郡而言,能够拥有与太守相识机会的社交圈其实是非常狭窄的,要想进入这个社交圈,获得与他人相同的待遇,那就得先投入到为数不多的那几个人的门下受业学习。这对于一般的编户匹夫来说首先是不可能的。执贽谒师,置籍于师门,这就意味着从今以后自己的一切行为必须严格按照儒学的规范来展开,同时也意味着自己已经做好了随时接受太守选拔的准备。在儒学的各种行为规范当中,最重要的就是孝行。判断一个人进入政界以后是否能忠君报国,首先得看他对自己父母的孝养程度如何,这就是所谓的"求忠臣必于孝子之门"。然而,一个人的孝心,其深浅真假其实是很难判断出来的,人们能够看到的只是其外在的表现形式。无奈,儒家的道德标准只能逐渐流于形式化、表面化。为父母服丧,斩衰三年,寝苦枕块,这些古训受到了人们的狂热追捧和刻苦实践。因此父母丧期中的行为,成为检验孝子孝心深浅的试金石。这里有一个事实是不容忽视的,这就是,能够有勇气将如此艰难的儒家道德实践到底的,其实并非上流社会的富家子弟,反而是那些出身卑微、阴差阳错地误入儒学社交圈的人们。

浊浪滔天的东汉朝廷

在了解了东汉社会尊重名节的风气之后,我们马上就想象东汉的官吏们人人都是名节之士,那就大错特错了。如果太守是一位贤明的地方官,即"良二千石"的话,那么事情还比较好办,关键是当时太守的俸禄并不太丰厚,到地方上任太守,被看成是最好的敛财途径,因此,行贿受贿之盛不难想象。毋庸置疑,因交通中央大员、内廷宦官、帝室外戚而获得官职的官吏,或者凭借自身财力直接或间接地干求官职的官吏,人数上要比所谓的名节之士多得多。一旦被中央任命为太守,那么向中央政府的射利活动就会更加隐蔽且命中率更高。与西汉相比,东汉时期中央的威令在地方上得到了更加彻底的贯彻,但与此同时,中央的权力争斗却比西汉时期更加炽盛,最终将帝室卷入了争斗的漩涡而走向灭亡。在这一场政治争斗中,外戚和宦官依然扮演着重要的角色。

鉴于西汉亡国的经验教训,光武帝时期采取了抑制外戚的政策。光武帝之后的明帝也继承了这一政策。明帝在凌云阁上绘制开国功臣图像,功勋卓著的马援却因是外戚没有能够享受这一殊荣,这在当时还成了一个美谈。但是,这一政策最终没有能够形成制度传之后世。明帝之后的章帝死时才三十三岁，而和帝以后的天子则更是年幼者居多，外戚的专权再次出现。和帝时有太后窦氏家族的专权。和帝之后，殇帝年幼即位，太后之兄邓骘等掌控朝权。殇帝夭折后，邓氏再立安帝。其实，在外戚跋扈专权的同时，宦官们也在培养对抗外戚的势力。安帝死后，宦官等设计幽闭皇后阎氏，杀死皇后之兄阎显，迎立顺帝。但到了顺帝立了皇后梁氏之后，皇后之父梁商和兄长梁冀先后专权，将外戚的专横推向了高峰。尤其是梁冀，在顺帝死后，继位不久的冲帝又夭折，于是迎立质帝，不久又毒死质帝，另立桓帝，长期独霸东汉朝廷。随着年龄的增长，桓帝开始与宦官计谋，最终诛灭了梁氏家族。然而，清除了梁氏以后，宦官的势力变得无法控制，其专横跋扈的程度甚至超出了外戚。帝室变得孤立无援，最终与宦官同归于尽。

外戚与宦官交替专权，每当一股势力掌握朝政以后，地方上的太守也就要换上一批。在中央权力交替之际，地方太守也会乘机请托甚至胁迫中央，将权势家族的人员安插进地方官场，这样一来，所谓的名节之士越来越遭受排挤，中央朝廷的权力争斗于是也就蔓延到了地方。人事安排上的不公平，使朝廷和太守的诚信尽失，于是，地方上的名节之士抛开朝廷，在自己的社交圈内评品人物的优劣，"处士横议"的风气一下子弥漫开来。尤其是桓帝时期，宦官势力炽热，宦官的亲属大量被安插到地方官界，吏道狼藉，名节之士开始走向团结。都城洛阳的太学生成为骨干力量，与朝廷大臣陈蕃等人相互声援,掀起了排斥宦官的运动。宦官将这些同党学生捕获投入牢房,并作成党籍,剥夺这些人今后入仕的资格,这就是所谓的"党锢"。因入仕之争而引发的这一场宦官与太学生之间的争斗,意图非常明显。陈蕃等人试图通过非常手段将宦官一网打尽,但最终以失败而告终,同党中的主要人物惨遭杀戮。宦官再次扩大打击面,将与之有牵连的人物全部编入党籍,切断了他们的仕途。恶劣的形势即刻波及地方,整个社会都陷入了恐慌。此时的东汉王朝虽然还没有灭亡,但是,我对东汉王朝此后的历史已经没有什么可叙述的了。决定东汉晚期形势的,是地方豪族在官僚化的过程中出现的日益明显的贵族化倾向。东汉的建国方针是,在中央的支持下,地方上以郡为单位建立国家行政的分部,任用本郡人物治理本郡事务,可以说是一种自治性质的政治体制,太守只是中央派出的监督人员。作为地方自治的回报,朝廷规定地方豪族必须服从中央,必须走儒学化的道路,所谓"名节之士"就是在这样一种背景下产生的,也就是说,名节之士不过是豪族官僚化过程中产生的副产品。豪族的官僚化在不停地进展,同时,官僚的豪族化也是很明显的。对官僚而言,一方面,他们的族人散布在各地,在乡村建立了牢固的根基,拥有大量的土地和依附人口,成为某一地方的豪族;另一方面,他们在朝廷中结缘各色官僚,在官场中相互援引,游刃有余,很容易为自己的子孙谋取官位。这样一来,那些大官辈出的家族,作为名族受到了尊敬。这些名族的子弟们,不仅可以从父辈那儿继承财产,同样还可以继承父辈们的社会地位,而且这种倾向日趋明显。在选拔人才的过程中,太守也有犯难的时候,由于受交际范围的限制,名节之士往往也真伪难辨,受人之贿进退人才又会遭万人唾弃,于是管他呢,与其如此犯难,不如就此依据父祖现有或曾经有过的地位来推荐他们的子孙来得省事,这样做,简单易行,谁都不会有怨言。时间一长,这种倾向在整个社会中逐渐蔓延,社会意志失去了应有的弹性,只是就此安于现状,进步的动力一点一点消失。这就是文明社会的特征,同时又是文明社会的弊端。尤其是中国这样的社会,如果没有来自外部的压力和刺激,社会发展的停滞马上就会变得非常明显。东汉时期业已形成的豪族官僚贵族,对此后长约一千年的中国中世纪的历史来说,是一个极其重要的要素。我认为东汉王朝的灭亡是中国上古历史的终结,同时又是中国中世纪历史的开始,因此,有很多相关问题应该放到下一章中去谈。

二 中世纪朴素民族的活动

（一）雌伏于魏晋社会内部的朴素民族

古代乡制崩溃的一个侧面

历史，如果遵循学者们的理论去理解的话就过于复杂了。宦官与党人之间的争斗本身并没有愈演愈烈，倒是因为其他因素的刺激而渐趋平息，这个因素就是黄巾之乱。

东汉时期，佛教经西域逐渐传到中国内地并获得了众多的信徒。有资料证明，佛教之外，西方伊朗世界占星术的迷信也随着东西交通的发达传到了中国。这些外来的宗教迷信与中国传统的民间信仰相结合，出现了一种模仿佛教教团组织的结社。这种结社，在教义上并无多大创造，但其之所以能够吸引广大民众的加入,关键就在于其实行成员间的相互扶持,很明显,当时社会的混乱和人们的不幸是其成长壮大的土壤。秦汉时期地方的基层单位是乡,乡在某种程度上保持着司法和警备上的自治,由乡人推选出来的三老、啬夫等人担负着乡行政的运作。同时,乡人之间也维持着相互扶持的传统,共同面对遭遇的各种困苦。然而,进入东汉时期,兼并之风日甚一日,豪族恃其财力武断乡曲。其结果,乡逐渐化为少数豪族的私有之物,上古的乡制遭到了破坏,农民流离失所。一旦遇上饥馑、水旱等灾难,或者沦为奴婢,或者背井离乡。其实活路只有一条,无非就是依附豪族以求得庇护。另一方面,虽然身为豪族,有时也面临着没落的危险。尤其是在东汉晚期,中央的政局非常不稳定,豪族如果自身没有进入官界,在朝廷又没有什么靠山,那么一旦宦官或外戚的族人成为当地的地方官,豪族往往就成为榨取的对象而难以期全。在这样的社会动荡中,巨鹿人张角看到了机遇,基于一种迷信,预言社会将发生巨大的变动,利用符水治病的手段收揽民心,通过成员内部在经济上相互扶助等诱惑组织了秘密结社。这个组织在颍川、南阳、汝南等皇亲国戚分布广泛、豪族武断尤甚的地区特别昌盛,从青州、徐州、东郡,北到幽州,西到益州,分布极广,并期于灵帝中平元年甲子之岁同时起事。这个组织的成员,占大多数的不用说是贫苦的百姓,然而,三十六将军的任命,每个将军率兵一万人,这样的组织程序和人员规模,如果没有豪族的支持是无法达成的,而在背后支持张角党羽的这些豪族,应该属于那些没有能够顺利走上官僚化道路,在政治上缺少势力的阶层,在他们眼中,名节之士也好,宦官也好,外戚也好,大臣也好,无一不是官僚的同党,无一不是他们的敌人。朝廷闻讯大惊,大赦党人,鼓励各地组织义军讨伐黄巾。东汉后期地方上的治安维持工作似乎全部依仗郡太守处置,此时在郡之上更设州刺史或州牧,掌控一州的财政大权和领兵权,群雄割据的局势渐现端倪。

群雄割据的新局面

黄巾军的势力虽然一时猖獗,但毕竟是乌合之众,在装备精良的朝廷正规军以及官僚性地方豪族率领的义勇军的联合镇压下,不堪一击,节节败退。不过,这一类的民众叛乱,其核心势力虽然一时被击溃,但其残余势力会在很长一段时期内继续活动,直到灵帝死去的中平六年,各地的动乱依然没有完全平息。灵帝死后,其子弘农王被立为帝。太后之兄大将军何进痛恨宦官专横,与袁绍计谋,请袁绍带兵入都,一举消灭宦官势力,但中途谋泄,何进反被宦官诱杀。紧急之下,袁绍率兵入宫,捕杀宦官数千人,桓帝以来专权天下三十年的宦官势力被一扫而尽。然而,此时的汉王朝已是名存实亡。袁绍诛灭宦官后,地方上的将领们陆续率兵进入洛阳,为争夺权力展开了激烈的争斗,这是一场掌握武装的军阀之间的混战,其血腥程度可想而知。当时最具武装实力的是从凉州带兵入都的董卓和从并州入都的丁原。由于凉州位于东汉王朝的西北边境,并州位于北部边境,因此,他们的队伍中吸纳了较多的匈奴、氐、羌等异民族壮士,骑兵尤其勇猛,他们的出现,让中原的步兵不寒而栗。[3]董卓收买丁原的部将吕布,兼并了并州军,从而势力远远压倒其他军阀,在洛阳为所欲为,最终废掉弘农王,拥立弘农王之弟为帝,是为汉献帝。袁绍等人东走,经过一段时间的整合后,起兵进击董卓。离开凉州根据地而身处洛阳的董卓,无法抗击东部军阀的联合进攻,将都城洛阳焚烧殆尽,挟持汉献帝迁往离自己根据地较近的旧都长安。不久以后,董卓被吕布杀死,而袁绍纠合起来的东部联军也无法众志成城,各路军将率部回到了各自的根据地图谋下一步的发展,天下分裂的形势已成定局。

各地的群雄之中,最具优势的是占据冀州的袁绍和占据东郡的曹操。袁绍出身名家,四世三公,是当时朝廷官僚的代表,其占据的冀州相当于今河北省大部,同时又控制着幽、并二州,吸纳并驱使着北部边境的游牧民族骑兵,士马号称强大。与袁绍相比,曹操出身微贱,在朝廷中的地位远在袁绍之下。然而,曹操平定了东郡的黄巾军后,对黄巾军众进行了改编,并将其训练成优秀的将士,使其成为自己的心腹,在这一点上远胜袁绍。袁绍与曹操这两大势力夹黄河对峙,最终,四世三公名门之家出身的袁绍成为旧势力的代表人物。在集团内部,袁绍没有能够处理好与豪族之间的关系,既有兵士又有财源,但却无法实现独霸的目标,在枭雄曹操的面前节节败退,一蹶不振,最终因家庭内部的纷争忧闷而死。作为新兴势力代表的曹操，对时势的观察非常敏锐。汉献帝逃出长安后，袁绍及其诸将还在为要不要把汉献帝迎到自己的领地中来而争论不休时，曹操早已派人把献帝奉迎到了自己的身边。在军事争斗中，与袁绍相比，曹操并无地利可言，之所以最终能击破袁绍，则完全在于其天才般的手腕。击溃袁绍的子孙，将幽、冀、并三州收入自己的囊中，曹操开始了统一中原的步伐。

朴素民族的雌伏

这里首先必须说明一下曹操利用的精锐骑兵突骑。所谓"突骑"，是指由游牧民族组成的骑兵，他们进入中国内地，成为政府或各路军阀的雇佣兵。前面已经谈到，在西汉武帝时期就曾经借助属国的骑兵征讨匈奴。此后，呼韩邪单于降汉，其种落被安置在漠南的蒙古高原上。东汉时期，匈奴因内讧分裂成南北两部，南匈奴继续依附汉朝，并越过长城迁至内地定居；北匈奴则在与东汉的军事争斗中失败，迁往遥远的西方，并以"匈人"之名登上西方历史的舞台。留居在蒙古草原上的那一部分北匈奴余众后来又被兴起于东部的鲜卑征服，同时，与鲜卑在血缘上非常接近的乌桓人在今热河省一带兴起，形成了强大的势力。袁绍盘踞在河北，并不是不想利用乌桓以及定居在今山西省北部的匈奴，只是对优柔寡断的袁绍来说，他缺乏驾驭这些勇敢善战的朴素民族的自信，把他们看成是烫手的山芋，敬而远之。但是，曹操却是强势的,在消灭袁绍占领河北以后,即刻进灭乌桓,将其部落移往内地,征发乌桓壮丁组成骑兵,这就是被誉为天下神兵的"乌桓突骑"。而迁徙到今山西省北部即当时的并州的匈奴人,在呼韩邪单于的子孙的统领下依然维持着古老的部族制度,他们虽然隶属于汉朝,必须服从汉朝的管辖,但在司法警备等方面却保留着相当的自治权利,在汉朝推行的郡县制之外形成了一个独立的系统。为了削弱匈奴部众之间的团结,曹操将其分为五部,并命其与内地郡县编户一样承担政府的赋税徭役。当时,由于天下大乱,中国内地的人口大量减少,渐次脱离单于的统辖而流往内地的匈奴人也不在少数,不难想象,其中不少渡过黄河南下的匈奴壮丁被魏军编入了军队。这样一来,游牧民族出身的精兵逐渐成为魏军的骨干,曹魏的军制也因此逐渐走向雇佣兵制。加入曹魏军队的游牧民族也在一步一步汉化,最终变得与汉人难以区别。同时,他们也开始憧憬安逸的生活,很多人希求与汉人通婚,以至于作为兵户的"士家"出现了结婚难的局面。曹魏屡次颁布法令,要求士家内部必须相互通婚,那些已经嫁与汉人为妻的士家女子必须离婚再嫁,甚至不惜采取登记天下寡妇逼令再嫁军士的非常手段。可见,为了维持足够数量的常备军,曹魏政府想尽了所有的办法。

土地国有制的滥觞

在曹操的各种才能中,最令我们惊叹的是其周密的组织能力。

由于天下的骚乱,许多田地都变成了无主或不垦的荒地,曹操将这些土地收归国有,招致流亡的贫民使其耕种,并按军事组织的形式对他们进行管理,这就是所谓的屯田。这应该是当时乡村地主的租佃方式,曹操将之运用到了国有土地之上,国家成了最大的地主。在国有土地上,按人口的多少分配土地,并贷与耕牛和种子,其收获的一半以上上缴国家。为了讨地方豪族的欢心,曹魏对私人土地的征税是非常低的,而国家的主要税收则来自国有土地的收入。这样一来,天下的土地自然就分成了两类。一类是国家允许人民私有的土地,即占田。这部分土地的税额非常低,每亩只收三四升,大约是亩产量的十分之一;另一类则是国有土地,即课田。在国有土地上从事耕作的人口在性质上应该是国家农奴,他们不得不承受高出私人土地五倍以上的租税负担。屯田制度实际上是中国中世纪土地国有制度的滥觞,随着时代的发展,占田逐步课田化,而课田农民的租税负担逐步减轻,其实这就是唐代的均田制。

三国兴亡史略

曹操因辅助汉室的功业被封为魏王,虽然汉帝国的名义尚存,但控制着中国华北地区的实际上是魏王国,出现了双重国家的怪现象。曹操死后,其长子曹丕袭封魏王,但很快便代汉自立,建立了魏王朝。曹魏平定了黄河流域的中原地区,与传统的中心地区中原相比,长江流域的开发在两汉时期也取得了长足的发展,立足于南方与中原抗衡的局势此时已经形成,这就是吴、蜀两国。汉朝之前,中原实际上就等于中国。曹操统一中原后,挥兵南下,在赤壁被孙权、刘备联军击溃,从此,南中国从中原分离了出来。长江流域的地形从西往东可分成三个台阶:上游是蜀,又称益州,以今四川盆地为中心;中游以今汉口为中心,包括湖北、湖南,当时称荆州;下游是吴,当时属扬州。吴人的先贤们,在春秋战国时期曾一度称霸中原。秦末项羽称霸,率领吴人子弟气壮山河。如今占有吴地的孙权,继承父兄之伟业,率领吴人的子孙们构筑起了坚固的地盘。赤壁之战后,刘备平定了蜀地,一时领有荆州,势力日趋强盛。孙吴向蜀汉要求让出荆州,谈判无果付诸交战。战后孙吴占有荆州,蜀汉退守上游,三国鼎立的格局最终形成。刘备与汉室同宗,国号亦称"汉",大义名分上蜀汉应该被视为正统,历史的记载也应该以蜀汉的年号为准,这是中国的传统。然而,在革命频繁的中国,即使执着于所谓的大义名分,有时又无法贯彻下去,当时中国的局势,依然是以曹魏为中心变幻着。

　　曹魏在赤壁之战中遭受挫折后,暂停了对南方的军事行动,篡汉之后,曹魏的皇室成员及建国功臣很快地踏上了贵族化的道路,除了一些时不时的小叛乱之外,没有发动过什么大规模的战争,社会恢复了和平,帝室财政也开始充裕起来。曹丕即魏文帝,以及继位的明帝,均以豪奢而闻名,尤其是明帝,大兴土木,耽于奢侈。朝廷之中,粗野的武人遭排斥,文雅之士受重用,皇室的爪牙之士渐次消失,实权落入司马氏之手。司马氏从司马懿开始,其子司马师、司马昭，以及司马昭之子司马炎三代四人先后专权，魏帝中被杀的一人，被废的两人，最终司马炎自立为帝，国号晋，司马炎即晋武帝。

帝室成员的贵族化现象在吴、蜀两国也同样存在。刘备死后，蜀汉后主刘禅继位，丞相诸葛亮主张与孙吴结盟恢复中原的夙愿最终付诸东流。诸葛亮死后，蜀汉国力大衰，终被曹魏攻灭。孤立的孙吴政权更是内乱不断，国势难振，最终被西晋攻灭，赤壁之战后分裂约七十年的天下重归统一。

晋武帝眼见中国一统，天下太平无事，于是对常备军进行了整编，解散州郡军队，代之以分封制，将宗室子弟分封到全国各地，建立起各自的王国，并允许诸王保留比较强大的军事力量。晋武帝这么做的本意是希望诸王能够忠于帝室，藩屏中央。然而，其结果却与晋武帝的初衷背道而驰，诸王的分封成为西晋王朝衰亡的祸根。诸王为了扩大自己的势力，招募失业的军人，又被部下中的野心家所蛊惑利用，相互攻伐，天下再次陷入大乱。

（二）朴素民族五胡的争霸

魏晋文明社会的弱点

我在前文中曾经指出，东汉时期官僚的贵族化倾向已很严重。在中国,上古时期就存在着严格的身份等级制度,但是,上古时期的贵族同时又是战士,他们以战事为自己的使命,以社会道德的维持为己任,至于文学上的修养等素质却无关紧要。而东汉以来出现的官僚贵族化倾向却正好与之相反,贵族化了的官僚们鄙视战事,远离战场,只是一味地耽于风雅,夸矜门阀。从而可以说,官僚的贵族化同时也是官僚的无能化,在这帮人的引领下,社会开始走向畸形。东汉末年这种倾向出现了快速发展的趋势,但由于三国骚乱,这种倾向一时有所收敛。然而,随着曹魏对中原的平定,混乱的局势趋于平稳,上层社会的贵族化、无能化倾向再次加速,并影响到社会的各个方面,首先中毒的是曹魏帝室。代之而起的西晋王朝,通过武力平定了蜀汉和孙吴这两个强敌,表面上似乎是夯实了国家的根基,但实际上贵族化和无能化的毒素已侵入骨髓。其中最能代表官僚的贵族化倾向的可能就数著名的"清谈"了。坐在床榻上,手舞麈尾,大谈哲理,他们的形象不得不说很风雅,然而,这无非就是标榜家世门阀,宣扬独占朝廷官爵,排斥他人染指的一种自我表现。面对能够容忍这种现象存在的畸形社会,人人都会觉得寒心,"清谈亡国"这个评说也许过于苛刻,但是,能够容忍清谈的社会,其本身就是自取灭亡,这一点恐怕没有任何异议。

晋王朝的自相残杀

晋武帝死后,惠帝继位。惠帝是一个菽麦不辨、寒暑不分的

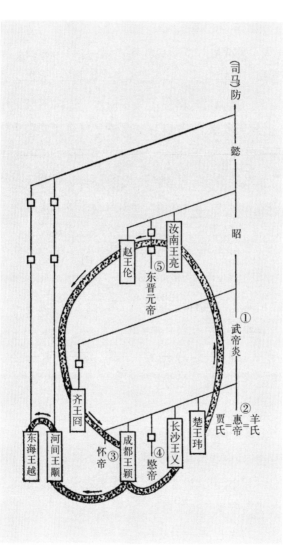

八王之乱时期政权变迁示意图

愚儿。皇后贾氏是功臣贾充的女儿，十五岁嫁给了当时还是太子的惠帝，比惠帝长两岁。贾皇后性格诡谲，是一个嫉妒心极强的女人。惠帝继位后贾皇后临朝，诛杀大臣杨骏，召惠帝之弟楚王司马玮和惠帝的从祖父汝南王司马亮辅政。汝南王是司马氏家族中的长老，颇为专横，辅政后马上就成了贾皇后的眼中钉。贾皇后蛊惑楚王杀死汝南王，随后又将楚王杀死。汝南王之弟赵王司马伦与惠帝之堂弟齐王司马冏合谋杀死贾皇后，赵王乘势废除惠帝自立为帝。由于赵王的背信，齐王冏与惠帝之弟成都王司马颖、宗室河间王司马颙联合讨灭赵王，辅助惠帝复位。司马氏宗室内部的相互杀戮，大大削弱了西晋王朝的国力。然而，这样的相互残杀并不一定是诸王们本人的意志，诸王手下的一些野心家们煽动嗜杀的军士，蛊惑自己的主人，诸王们即使再聪明似乎也无法抗拒这种权力上的诱惑。赵王伦之乱平定以后，齐王冏留在都城辅助朝廷，成都王颖回驻地邺城之时，齐王冏前来送别，他深知被部下左右着的诸王的心事，不觉涕下滂沱。不久，惠帝之弟长沙王乂，因不满齐王的专横，与河间王、成都王相呼应，起兵攻入都城杀死齐王。河间王的部将张方性格残暴，为众人所惧。在张方的蛊惑下，河间王与成都王联手攻击无辜的长沙王，将之捕获带回自己的营中，当众将之炙杀，其惨痛之声，甚至令张方的部下都闻之流泪。贾皇后被诛杀后，惠帝又立羊氏为后，羊皇后之父原是长沙王的党羽，羊皇后受其牵连被废为庶人。羊皇后极其不幸的遭遇，就是那个时代的极好反映。在同室操戈的相互杀戮中,成都王司马颖的僭越野心也在不断膨胀,对成都王极其不满的宗室东海王司马越起兵讨伐,取得一时的胜利后羊皇后得以复位。此后东海王兵败失利,与成都王沆瀣一气的河间王遣张方率兵攻入洛阳,再次废掉羊皇后。至此,张方已逐渐撕破假面具,露出了自己的本来面目,把河间王的命令当作耳边风,纵容部下对洛阳进行大肆掠夺,胁迫惠帝放弃洛阳迁都长安。惠帝以迁都为名大赦天下,羊皇后得以再次复位。张方无视大赦诏书,又一次废后。此时,一个叫周权的人,利用惠帝的痴愚,带领军队进入洛阳,扶持羊氏为后,称愿听皇后调度,并组织兵马准备讨伐河间王,但终归失败,张方第四次废后,并想乘机杀死羊皇后,后因人力谏,羊氏才保住一条性命。正值此时,经过一段时间休整的东海王司马越,兵马日趋强盛,兵锋直指河间王。河间王无力阻挡,只得将张方作为替罪羊杀死向东海王求和,东海王没有答应,率兵进入关中,击溃河间王,将惠帝带回洛阳,羊氏再次复位。

河间王、成都王不久被杀,东海王司马越留在洛阳辅佐惠帝,一时间政局得以稍安。然而,就在司马氏宗室相互杀伐之时,居住在并州的匈奴人部落之中,却发生了惊天动地的变化。

朴素民族的腾飞

曹操为了抑制匈奴人的势力,将居住在并州的匈奴人分成五部,并着力推行同化政策,匈奴部族因此逐渐散亡,呈现出了衰微的迹象。但天无绝人之路,西晋宗室诸王之间的内讧,给匈奴的腾飞带来了绝好的机会。成都王颖镇守邺城,与并州接近,深感想要在诸王的争斗中胜出,必须依靠匈奴的势力。于是,命左贤王刘渊统帅匈奴五部,领兵驻屯邺城。刘渊之子刘聪,骁勇绝伦,能弯三百斤大弓,而且博学能文。成都王遭东海王进逼,形势危急之时,刘渊提出愿率匈奴五部之兵前往救援,但成都王未能采纳。成都王兵败出逃,刘渊带着自己的兵马回到并州,在并州自立为王,国号"汉",都左国城,史称"前汉"。此时的匈奴五部尚有余众三万户,刘渊称王后马上就召集到了五万大军。刘渊及其部下尚未完全失去匈奴人血液中的蛮勇,在风尘日紧的岁月里,复兴古老的匈奴民族,感受祖先们当年的雄风,热情燃烧着每一个匈奴子孙。

不久,晋惠帝被毒死。惠帝原有兄弟二十五人,经历了这场血肉相残之后只剩下了三人,三人之中,司马炽因好学之故被立为帝,是为怀帝。匈奴刘渊已不满足汉王的称号,自号为帝,南下定都平阳,并再三侵略西晋内地。刘渊死后,刘聪继位,遣部将刘曜和石勒攻陷洛阳,俘获怀帝并带往平阳。惠帝死后寡居的羊皇后也被一同带往平阳,在刘曜的胁迫下成为其妃妾。刘曜曾经跟羊氏戏言:"我跟你的前夫相比,你更喜欢哪一个?"羊氏答道:"嫁给惠帝时,我还以为世间的男人都像他那么愚蠢,今天我才知道天底下还有真正的大丈夫。"刘曜是刘渊的族子,容貌魁伟,天生双眉霜白,目放赤光,好读书,善属文,臂力无穷,弓透一寸厚的铁板,是一位文武双全的豪杰。朴素民族在刚刚踏上文明化道路之初,往往人才辈出,这不仅是就匈奴而言,似乎是古今之通例。已经贵族化、文弱化了的晋人,面对勃兴阶段的新民族则束手无策。羊氏的回答,实属无耻匹妇之言,本不足为道,然从中亦可窥见当时人心背向之一斑。

怀帝被俘以后,侄儿司马邺在长安即位,是为愍帝。不久,长安亦被汉军攻陷,宗室司马叡在遥远的吴地即位,保住了东南的半壁江山。司马叡即东晋元帝。中原的大族纷纷南下,与曾经是仇敌的吴人一起,艰难地维系着中国的文明社会。虽然东晋政权内有吴人和中原人的不和,贵族们依然热衷于清谈,不要说恢复中原了,就是想保全东南一隅都不是一件容易的事,然而,不幸中的万幸,东晋政权的命脉却维系了一百多年,原因只有一个,这就是北方的新兴民族之间缺乏统一,相互攻伐,无暇继续南下。

朴素民族之间的武士道

刘聪死后,汉王朝发生内乱,刘氏宗室相互杀伐,在刘曜和石勒的努力下,内乱才得以平息。然而,此时分裂的迹象已经明显。刘曜和石勒分别建立了赵国,刘曜的赵国史称"前赵",石勒的赵国史称"后赵",最终,石勒击败了刘曜,君临华北。石勒是匈奴别部羯胡人,在西晋内乱时遭俘获,被戴上枷锁于冀州奴隶市场出卖,为主人牧马,尝尽了人间的艰辛,后乘隙逃脱,结伙为盗,不久

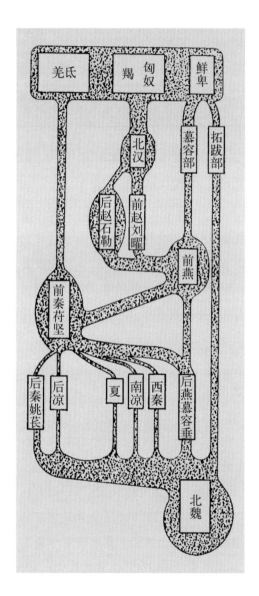

五胡霸权更替示意图

便投靠了刘渊。过于悲惨的境遇往往会使人变得尖凶刻薄，但是石勒却不然，再大的苦难也没有让石勒失去天真爽快的好男儿天性。石勒曾经说过："大丈夫行事当礌礌落落，如日月皎然，终不能如曹孟德、司马仲达父子，欺他孤儿寡妇，狐媚以取天下也。"自己虽然无力读书，但常命儒生侍奉左右读经讲史。在听讲《汉书》时，说到汉高祖称有人劝其立六国之后时，石勒惊呼："此误也，汉高祖如何得天下?"当他听到张良力谏时，则拊掌大笑。可见石勒心中是以汉高祖自比的。我们读史读到"五胡乱华"时，似乎又看到了战国时期那些武士的身影，一种久违之感萦绕心头。"天子失政，道在四夷"，这句古话，用在此处非常恰当。

石勒死后，赵国大乱。北方的鲜卑拓跋部势力日益强大，越过长城在盛乐、平城一带扎下根基。鲜卑慕容部从辽东南下河北，建立了前燕。关中，氐人苻健制压羌人建立了前秦。以上各国之中，慕容部的前燕首先强盛，灭亡后赵，定都邺城。前燕慕容垂在枋头击败大举北伐图谋中原的东晋军队，威名一时显著，然前燕内讧又起，慕容垂出奔前秦。前秦苻健之后，苻坚继位，重用王猛整顿内政，乘前燕内讧平定关东，又北破鲜卑拓跋部和匈奴刘氏，西灭汉人张氏建立的前凉政权，一举统一了中国北方，一时间势力达到了极盛，东夷西域六十二国向其朝贡。然而，看上去繁荣昌盛的前秦表面下却隐藏着致命的弱点。国内氐、羌、鲜卑、匈奴等民族尚未同化，各自保持着民族的矜持，不相上下。苻坚的谋士王猛的意图是借用东晋的文明，使各自相异的民族中国化,创造出一个民族相互融合的新型社会。这个建议也获得了苻坚的认可,但不幸的是王猛先苻坚而去,以致未能实现。然而,即使王猛能够再多活一些年,他的理想就一定能够实现吗?王猛死后,各民族之间的分离愈演愈烈,苻坚不得不采取违背王猛遗愿的手段,纠合各族组成大军,发起了南下攻灭东晋的战争。这一场战争可以说是苻坚为了统合国内各派势力的一个策略,如果能够平定东南,放纵掠夺,这样在一定程度上即可以满足手下各民族将士的欲望,前秦政权或许也会因此得以一时的安稳。然而,战争的结果却大出所料。生长在北方寒冷地区的劲旅,难以忍受南方湿暑的气候,士气低落,而且,骑兵在东南沮洳之地也难以发挥应有的战斗力,先锋部队在淝水遭遇了重大的挫折。谢玄指挥下的东晋军队,在这场战役中到底给前秦造成了多大的打击,这其实很不明了,但至少让苻坚放弃了长驱直入一鼓作气扫平东晋的计划。同时,苻坚心中还产生了一种忧虑,这就是各族军队因战事的失利引发的动摇。苻坚率轻骑快速返回项城,镇抚后续的部队,然而,此刻前秦已是军心涣散,不可收拾。苻坚穷途末路,投到慕容垂军中,慕容垂的手下都劝慕容垂杀苻坚自立,慕容垂的回答是:"穷鸟入怀,猎夫不杀,况我不容于故国,受彼厚遇,今彼途穷以赤心来投我乎?苟有天命,纵不乘人如斯困艰,亦可堂堂而取天下也。"为报厚遇之恩没有加害苻坚。然而,慕容垂并不是没有自立的志向,眼见各路军队慢慢在苻坚的麾下再次集结,慕容垂向苻坚提出了出镇河北的请求,得到了苻坚的许可。苻坚的手下听说慕容垂欲出镇河北,力谏苻坚:"慕容垂如饿鹰,闻风尘之音生凌霄之志,应益严其羁绊,常置身边以监视之。"苻坚既然已经答应,此时似亦无可奈何,"匹夫尚不食言,况万乘乎!"最终没有阻止慕容垂的出镇。朴素民族之间自有他们自身的道德观念,胜也好败也好,都得堂堂面对,一旦违背了这个道德,他在朴素民族之间就失去了容身之所,严厉的社会制裁养育而成的男子汉气概是他们的长处,武士道只能在朴素民之间发扬,这就是道德。

拓跋鲜卑的氏族国家

慕容垂渡过黄河,果然自立为王,建立了后燕。苻坚收拾残兵进入洛阳,不久回到长安,但已威令不行,后被羌族渠帅姚苌所害。姚苌在关中建立了后秦政权,但其势力所及已远不及前秦。氐、羌、鲜卑各族相互杀伐,中原再次陷入大乱。这些政权都有一个通病,这就是,作为个体,不得不说他们勇武非凡,但是,当他们进入中国内地一段时间以后,古老的氏族制度逐渐走向解体,而新的社会组织又尚未形成。游牧民族的战争是为自己的部族所战,有部族,有部族长,部族成员为了同一个血族的利益奋战不息。然而,他们进入中原以后,与周边的晋人杂处,首领们往往又采用汉人的军事制度统兵作战,突然之间,他们失去了向心力,同时也失去了战斗的目标,那些为数不多的依然保留着天性的男儿们，在旁人看来，也只不过是一个个生性好战的勇夫。

在淝水之战后这种混乱的局势中快速成长起来的，是居于并州北部的鲜卑拓跋部建立的代国。代国在当时的各胡族政权中是开化最晚的，而且相当保守。西晋初年，拓跋部的始祖拓跋力微曾将太子作为人质送往西晋，长期在洛阳生活的太子深受中国文化的浸染，穿着全是晋服。力微老后，西晋准许太子归国。在国境上，诸部大人为太子举行了隆重的欢迎仪式。在宴席上，太子表演了弹丸游戏，瞬间将空中的飞鸟弹了下来。弹丸是中国汉代以来非常流行的传统游戏，用铁弹代替箭矢搭在弓弦上弹出，射中空中的飞鸟，而鲜卑当时还没有这样的游戏。诸部大人们非常震惊，争先恐后地向力微汇报，称太子从晋朝学来了奇法异术，竟然不用箭矢的空弓就能将空中的飞鸟射落，并称这肯定会导致国家大乱，生灵涂炭。力微也唯恐太子继位后会改变淳朴的鲜卑旧俗，于是派人将太子杀害。力微死后，拓跋部一时衰微，苻坚乘机发动战争，征服了拓跋部，让匈奴人代为统治拓跋部众。拓跋部本来就是鲜卑吸纳了北匈奴余众组成的部落，这样一来，拓跋部的匈奴色彩就愈发浓厚了。不过当时的匈奴汉化程度已经很高，因此影响拓跋部的中原文明并不一定是直接从晋人那里接受的，而更多是间接地从匈奴人那儿接受来的。因此，拓跋部的汉化过程是相对缓慢的，古老的氏族制度在较长的时期内得到了保存，从而也避免了急速的文明化带来的各种弊害。文明程度的滞后，反而给拓跋部今后的持续发展带来了好运。氏族制度是最适合游牧民族的一种制度,正因为氏族制度的存在,才能将被征服的民族纳入自己的体系,并将之改编成自己部族的一部分。苻坚败亡后,拓跋部的代国摆脱了匈奴人的羁绊,迎来了部族腾飞的好时运。带着朴素民族初兴时期特有的爆发力,拓跋部族建设氏族国家的意识开始觉醒。代王拓跋珪始称帝号,改国号为"魏",定都平城,史称"北魏",拓跋珪即北魏道武帝。大约四十年后,拓跋珪之孙太武帝拓跋焘完成了中国北方的统一大业,与中国南方篡夺东晋政权建立的刘宋政权相对峙,中国历史进入了南北朝时期。

(三) 拓跋鲜卑文明化道路的意义

北中国的土地问题

　　北魏道武帝拓跋珪的势力扩展,首先遇到的劲敌就是慕容垂的后燕。道武帝最终击败了入侵的后燕军队,俘获文武将吏数千人,拔擢有用人才,与其共谋国家大事。随着北魏势力不断向中原地区伸展,这时遭遇到的是中原各地的大小豪族。北魏在中央设置了中国式的官僚体系,由中原豪族崔玄伯任吏部尚书,专司文官的进退。北魏中央政府的官员实行文武双重体制,武官用拓跋部族人,文官用中原人。不过,地方官府却未必如此,在地方上采用的是类似封建诸侯隶属中央的形式。北魏建国初期,古老的部族制的影响还非常强烈,他们力图支配的是人口,而不是直接占有土地。然而,中原的豪族们却不一样,长期以来,他们首先占有土地,然后通过支配土地来支配农民。随着拓跋部族的逐渐定居,政策上的改变势在必行,对土地的支配不得不作为首要问题来考虑。比政府更早意识到土地重要性的是皇室近亲以及大小贵族,他们纷纷利用自己身份的优势兼并土地。这一现象,换句话来说就是北魏官僚的豪族化,这样一来,必然会与中原豪族之间产生纠葛,引起中原豪族的不满。到太武帝时期,这样的争执达到了白热化的程度,中原名族因此成为这场争执中的牺牲品。加之皇室成员对中原名族的猜疑心,蒙受族诛的中原名家接二连三,崔玄伯长子崔浩因笔祸罹难,清河崔氏一门不问远近一百二十八人被诛戮事件是其代表,范阳卢氏、太原郭氏、河东柳氏等中原名族,亦因与清河崔氏有姻亲之故而遭到诛杀。只有像高允那样,明哲保身,带领诸子采樵自给,不与世逐利的人,才有可能幸免于难。

　　到太武帝的曾孙孝文帝时,中央政府下定决心,开始直接支配土地。政府之所以在这个时候做出土地国有化的决定,是因为部族制度至此已基本崩溃,单纯利用原有的血缘关系或主从关系来控制人口已不现实,如果放任不管,国家的编户就会随着土地的兼并被豪族侵占殆尽。因此,在土地国有的原则下,并尊重大土地所有者的既得利益,政府颁布了均田令,其目的就是让人民获

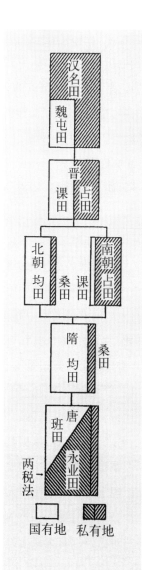

国有地　私有地

中世纪土地国有制的盛衰

得一定数量的土地,进行生产,承担国家赋税。均田法继承了二百多年前曹魏屯田政策的体系,并成为后来唐朝班田法的祖型,而建言献策的正是出身中原豪族的官僚李安世等人。

在均田法中,首先以占有土地的富豪为对象,规定家庭中的丁男每人在其所拥有的土地中划出二十亩,名为桑田。这部分土地是必须耕种的,在其地界上种上桑树以明产权。另外,政府再分配给每个丁男四十亩官田,称露田,耕种这部分土地必须承担课税的义务。如果原来拥有的土地超过桑田和露田之和,剩余的土地则名为倍田,允许田主继续拥有,可以作为休耕用地,或者等子孙成长起来后充当桑田等土地。根据这一规定,政府对富豪现有的土地不予没收,但不允许今后再行兼并。

对于没有土地的农民或者一直耕种官田的农民,授予丁男每人二十亩官田作为桑田,承认其私有权,并可传之子孙,另外给露田四十亩使其耕种。由于露田是国有土地,因此每年的正月必须按现有的人口进行土地的重新分配。露田之外,再授田四十亩作为休耕用地,这部分土地也是国有土地,受田者不得随意处分。妇女受田为丁男之半。奴婢,依据其性别授予与良民同等的露田和倍田,但不授桑田。拥有耕牛的民户,牛一头授露田三十亩,以四头为限,这一规定旨在防止受田人将耕地牧场化。

政府推行均田法的目的,一方面是想通过授田的方法促进荒地的开垦,同时对已经拥有大量土地的富豪,通过授田的手段,让其家庭中的每个丁男都承担四十亩官田的耕种义务;另一方面,从国家的赋税落在四十亩露田这一点上可以看出,不管是迄今为止拥有土地的地主,还是均田法颁行后得到官田的农民,他们必须依照同样的税率向政府交纳赋税。也就是说,一方面默认富民的土地私有,同时又在土地国有的原则下不问贫富统一征税。

北魏的均田法到底贯彻到了什么程度,这一点其实并不很清楚。然而,在五胡十六国民族争斗之后,人口锐减,无主的荒地随处可见,再者,北魏面对的不仅是向南发展的问题,即使在北部边境也屡屡对高车、柔然等部族发起进攻,收容其民众,对于安置这些游牧民族出身的民众,均田法肯定发挥了相当的作用。只是对于掌握中央政府实权的宗室近亲等贵族阶层来说,均田法对他们是否具有约束力,这是个相当大的疑问。宗室诸王拥有数量惊人的土地,僮仆成群,穷奢极欲,这些事实不绝于史。

氏族国家的改制

北魏的部族制度保留了很长时间,一直到与均田制几乎同时颁发的三长制施行以后才得以废除。所谓三长制,即以五家为一邻,立邻长一人;五邻即二十五家为一里,立里长一人;五里即一百二十五家为一党,立党长一人。邻长、里长、党长即三长,负责辖区内的户口调查和租税征收。游牧民族本来多用十进法,而三长制采用的是五进法,因此,三长制的实行,在显示拓跋部族中原化的同时,也让人察觉到了孝文帝彻底改变鲜卑部族制的意图。

孝文帝是中原文化的崇拜者。北魏有个不成文的规定，王子一旦被立为太子，为了消除外戚专权之患，其生母必定被赐死。北魏的皇后大多出自部族名门，由于如此野蛮的习俗，出身部族名门的后妃们宁愿舍弃这等荣誉也不愿自己的儿子被立为太子，这样一来，中原名门出身的嫔妃们就成了这一旧习的牺牲者。也正因为如此，北魏各朝皇帝的血管里都流淌着中原人的血脉。孝文帝的生母李夫人，当自己的亲生儿子三岁被立为太子时，自己不得不甘受这场悲剧，因此，孝文帝对这一野蛮的习俗充满厌恶并不是没有道理的。均田法和三长制的施行，一方面确实是时代的要求，但同时又是孝文帝决心彻底推行汉化政策的一种表现。

孝文帝最终彻底抛弃了古老的部族制度。抛弃部族制度，这意味着今后再也无法利用这一制度将其他民族吸收到自己的军事组织中来了。而且，事实证明，在旧有的部族制下，其他民族的同化也并不理想，尤其是面对中原人民时，拓跋部族根本就没有任何可以同化他们的文明基础。出路只有一条，就是抛弃自己原有的国俗，将自己同化到中原文化中去，同时也将氐、羌等各民族同化到中原文化中去，以同化融合以后形成的新民族为同一个单位，建设一个新型的国家。对北魏来说，这意味着原来的拓跋部氏族国家，将一跃成为汉魏晋历朝的继承者，完全转型成为中原王朝。孝文帝怀着这样的信念勇敢地向前迈进。

北魏都城平城，是道武帝拓跋珪以来经营了一百年的都城，这里既积淀了历史又滋生了积弊，就像牢笼一样，让孝文帝无法击破。想要彻底实现梦想中的改革，就必须与以往作一个了断。孝文帝暗地里做好了迁都的准备。南朝在刘宋之后成立了萧齐政权，孝文帝借口讨伐萧齐，亲领三十万大军从平城南下，到了洛阳便驻军不前。孝文帝此时才向近亲诸王说明南下的真意实际上是为了迁都洛阳，诸王听后都表示反对，只有孝文帝的弟弟彭城王拓跋勰一人赞成，孝文帝经与彭城王商议，下定了迁都的决心。保守的族人并不甘心，于是协谋与孝文帝的太子一起逃归平城，在平城拥立太子为帝，事泄后孝文帝不得不忍痛将十五岁的太子杀死。

　　孝文帝接下来的改革是大刀阔斧的。首先，废除拓跋部族固有的辫发习俗，禁止穿着鲜卑的窄袖上衣和裤子，在外表上全部采用中原汉人的装束。在朝廷上禁止使用鲜卑语，一律改用汉语。这一系列的政策和规定，迫使拓跋部族逐渐走向汉化，并与氐、羌等部族一起，一步一步融合到汉人群体中去，在中原创立了一个全新的社会。原来粗野的北方和西部的游牧民族，经过中原文明的洗礼，面目一新。上流社会跻身于中原豪族之间，成为郡望，下层社会则各自成为自由民或隶民、部曲，与中原农民几无二致。他们与中原人之间的差距越来越小，最终融为一体。与此同时，中原人民在遭受了长期的战火困苦之后获得了安宁，在外来民族飒爽英姿、意气风发的感染下，抛弃了原来清谈放逸的生活态度，返老还童。两者之间取长补短，一个更加健全的社会诞生了。此后，孝文帝建立的新社会苗壮成长，终于在唐朝开花结果，实现了重大的飞跃。然而，新社会的成长并不是一帆风顺的，其间又经历了许多的迂回曲折。

南中国的豪族与军阀

东晋南渡以后南中国的社会情况，在前述中基本上没有涉及，接下来想简要地说明一下。西晋在平定孙吴以后仅三十年就灭亡了，司马叡在孙吴旧都建立东晋政权，可以说基本上继承了孙吴的遗业。孙吴也曾经模仿曹魏的屯田政策，在江南各地展开了屯田事务，但规模远远小于曹魏，土著豪族依然大肆兼并土地，武断乡曲。西晋武帝颁布户调式，对曹魏的屯田经营进行了清理整顿，将天下的土地区分为人民的私有土地占田和国有土地课田，并规定下了占田和课田租税上的轻重之别。然而，南方占田数量庞大，户调式对南方土著豪族的土地占有并没有带来任何影响。东晋建立以后，南渡的中原贵族带领自己的部曲，以及饱受战乱的贫民纷纷涌入东南地区，开荒种地，大大促进了东南地区的开发。同时，在土地占有的问题上，土著豪族与新来的中原贵族之间，以及同样是新来的中原贵族之间，不可避免地会产生许多矛盾。一方面，南渡的中原贵族垄断了都城建康的官僚机构，一心想利用官僚的优势获取土地；另一方面，土著的豪族也想凭借自身已有的势力跻身官界。前者的代表有太原王氏、陈郡谢氏等，后者的代表则有广陵的戴氏等。南渡的贵族享有种种特权。

在土地和租税问题上,他们占有的土地作为侨居南方时的临时占有,因此享受着免租免税的特权。在官吏登用方面,他们依然保持着北方的属籍,按照原籍各郡的比例,子弟可以轻易地获得官位。

对于如此不公的待遇,南方的土著豪族之所以强忍不发,就在于建康的东晋朝廷掌握着军权。晋室南渡之时,中原的失业军人也随之南下,在晋王室的旗帜下再度集结。朝廷将这些军人组织起来,安置在都城偏北以京口为中心的长江南岸,号称"北府兵"。淝水之战中,东晋之所以能够力挫苻坚的兵锋,既不是朝廷大臣谢安的什么运筹,也不是谢安之侄谢玄的什么奇策,实际上是刘牢之等人率领下的北府兵的功劳。北府兵的成员都是流落到东南来的中原失业军人。淝水之战后,北府的军阀开始变得跋扈起来。继刘牢之之后统率北府的就是军阀刘裕。刘裕率领北府军团,往北灭亡了立国于今山东的南燕,一时占领了西晋旧都洛阳,并且一路势如破竹,攻入关中,灭亡后秦,建立了卓著的功勋。恢复中原,曾是东晋南渡以来梦寐以求的夙愿,然而,东晋现在已经没有实力来维持旧都洛阳的占领,因为在他们离开中原以后,中原的形势已经发生了巨大的变化,新来的游牧民族已经在中原扎下了根,与西晋遗民为伍,耕种土地,过上了定居的农耕生活。刘裕领兵返回江南,废东晋恭帝,自立为帝,建立了刘宋王朝,刘裕即宋武帝。东晋以来实行了多次土断,逐渐将南渡的北方士民列入政府的正式户籍,使其承担国家赋税和徭役。刘宋文帝时,再次编订国家户籍,即所谓的元嘉造籍。然而,在这次造籍过程中,规定国家的开国功臣一律归入士族之列,享受免除徭役的特权,国家平白无故地多出了很多特权阶层,大大增加了人民的负担。宋文帝统治的时期,几乎与北魏的太武帝相始终。文帝以为父亲武帝取得的北伐胜利并不那么艰难,也没有清楚地认识到北魏统一以后的北方新形势,轻率地出师北上,结果连连失利,反而被太武帝穷追不舍,北魏军队一直打到长江北岸。这次北伐的失利明确地告诉我们,在军事和武力方面,南中国无论如何都不是北中国的对手。

北魏孝文帝时期,刘宋灭亡,萧齐建国。孝文帝死后三年,萧齐又被萧梁所取代。萧梁以后陈朝建立,国力日趋不振,领土不断为北朝蚕食,最终为北朝吞并。

(四) 以朴素民族为基调的唐帝国

北魏的汉化政策与朝廷的孤立

北魏孝文帝的汉化政策到底是成功的还是失败的,人们有着不同的看法。但有一点是不用怀疑的,这就是,未开化的野蛮民族,一旦接触到了文明社会以后,不管是否愿意,必定会走上文明化的道路,关键是时间的问题。在文明化的进程当中,明确前进的方向,这是为政者的重大责任。这里马上就会产生这样一个问题,这就是孝文帝指出的前进方向,采取的一系列政策是否得当呢? 后人若要评价孝文帝汉化政策的得失,其实并不是一件难事。然而,在当事人孝文帝看来,为了实现民族和国家的重大转型,有时又不得不采取一些矫枉过正的手段。我们不能单纯地从结果上来对他以及他领导的这场改革进行非难或否定,不过,孝文帝的做法操之过急,动摇了国家的根本,这一点也是不可否认的。

孝文帝率领亲近及少数贵族突入中原社会的心脏,这一举动尤其产生了意想不到的坏结果。孝文帝在这里召见了中原的名门大族,在与他们的会谈中,看到了与他们合为一体共同缔造一个新社会的希望,更加坚定了自己的决心。后来,南朝的使者来到洛阳,原以为这里已是草莽遍野,豺狼所嗥,一见之后,感慨万千:不料中国衣冠尽在此地。然而,朝廷迁都洛阳以后,拓跋部族的人众却大部分依然留在代北,居住在长城南北。他们与朝廷之间的感情也在发生着变化,朝廷的汉化程度越高,他们与朝廷之间的关系就越淡薄。其结果,朝廷被少数贵族所独占,而留居在北部边境的鲜卑民众,在社会发展的进程中被朝廷渐渐地忘却了。

孝文帝推行的均田制度,如果说多少取得了一些实效的话,那么,这些实效绝不是在中原地区取得的,而是在北部边境地区取得的。拓跋部众移居到长城以南后,原来居住在更北的柔然等游牧民族乘隙进入蒙古草原。北魏太武帝时期,屡屡与柔然发生争战,取得胜利,在旧长城之外又筑起了一道新的长城,在其间安插柔然降民,令其戍守边疆,政府在此设置六镇进行分区管理。均田制在这样的情形下尤其奏效。身在六镇肩负国防大业的鲜卑将士,面对的是不断南下骚扰的外敌,负担着最为沉重的税役。然而,迁都洛阳后的朝廷与他们之间的关系却日疏一日,有功不录,职勤不升。受朝廷任命来到六镇的高级官员,已经在不知不觉之中蜕变成为汉化了的新贵,宛若中原汉人,夸矜门第,视将士为奴仆,不仅不能同甘共苦,反而时时克剥军士,中饱私囊。六镇军民的愤慨终于爆发,孝文帝之孙孝明帝时,西边的沃野镇首先发难,战火一下子燃遍北中国,全国陷入动乱之中。

上面一节我们强调了北魏迁都洛阳以后,留居北方的鲜卑拓跋部众被朝廷冷落,甚至被朝廷置之不顾的情形,这样的结果,实际上同时又意味着北魏朝廷的孤立。由于北魏朝廷迁都洛阳后的一系列方策未得其宜,自己切断了赖以生存的军备武力。就像人一样,自己切断了四肢爪牙,受其祸害的首先就是自己的躯体。

从六镇之乱到北魏分裂

沃野镇位于河套的西南端灵州,镇民破六韩拔陵首先起兵,越过黄河攻入其他各镇,六镇军民积极响应。破六韩拔陵最终被朝廷邀请的柔然援兵击败,但六镇之民在葛荣的统领下越发强盛,进入今河北省,直逼邺城。孝明帝大惊,命居住在今山西省北部秀容川的豪族酋长尔朱荣进讨葛荣。

此时的洛阳,孝明帝的母亲胡太后长期以来掌握着朝廷的大权,重用宦官嬖臣,政治极度黑暗。孝明帝长大以后,母子俩政见不合,胡太后竟毒死孝明帝,另立幼帝。尔朱荣首先想到的是如何在朝廷建立自己的威信,巩固自己的地位,于是带兵进入洛阳发动政变,将胡太后和幼帝投入黄河,朝廷王公以下百官两千余人被杀,另立孝庄帝为帝。正在此时,葛荣率领的军队号称百万,围住邺城,尔朱荣调集精骑七千,配上副马,以数百骑为一团,四面包围葛荣军,当阵擒获葛荣,获得大胜。

与葛荣同时,今陕西方面还有万俟丑奴率领的另外一支叛军,极其猖獗。尔朱荣遣部下宇文泰等人进入关中,一举平定了万俟丑奴。宇文泰安抚叛军余众,以长安为中心逐渐形成了自己的势力。

六镇之乱平定后,尔朱荣的势力达到了顶峰,天下精兵全部归其麾下,部将中又网罗了宇文泰、高欢、侯景等天下豪杰。孝庄帝见尔朱荣权倾天下,心中非常恐惧,于是假召尔朱荣进宫,亲手将他砍死。尔朱荣的侄子尔朱兆闻讯后,从晋阳带兵南下,进入洛阳,幽闭孝庄帝于佛寺之中,后又将之缢杀,扑杀诸皇子,为叔父报了仇。

尔朱家族并不乏人才,尔朱兆、尔朱世隆、尔朱天光等都是有识之士,只是尔朱荣掌握政权的时间太短,与其部将之间尚未结成

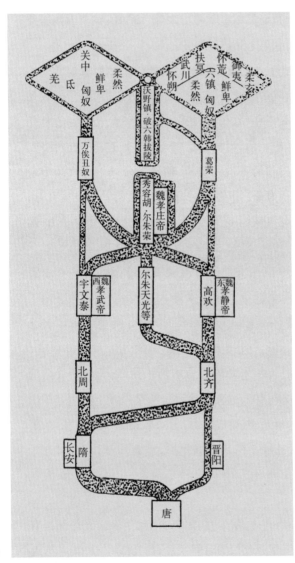

北魏中期以
后漠北民族
迁徙图

牢固的主从关系,因此,尔朱荣死后,其部将们便开始各自行动了,华北地区再次迎来了群雄割据的时代。最早崭露头角的是高欢。高欢虽然自称出自渤海郡的名门望族高氏,但实际上是鲜卑种。高欢最初曾加入葛荣领导的六镇叛军,后来投向尔朱荣,成为尔朱荣的部将。尔朱荣死后,高欢在一段时期内辅助尔朱兆,平定了一些零星的地方叛乱。然而,高欢暗中招集旧六镇的叛民,不久人众就达到了二十余万。羽翼丰满的高欢带兵进入洛阳讨伐旧主尔朱兆,废尔朱氏所立的节闵帝,另立孝武帝为帝。高欢又亲自来到尔朱氏的根据地晋阳,征发晋阳附近的鲜卑人组成军伍,作为自己的心腹部队,并在晋阳开大丞相府,号令天下。身在洛阳的孝武帝完全成为傀儡,心中愤懑,诏关中的宇文泰讨伐高欢。讨伐未成,洛阳反而被高欢所围,孝武帝无奈,只得出奔,投靠宇文泰。高欢追击未果,在洛阳另立孝静帝为帝,并迁都邺城。至此,北魏分裂成东魏和西魏两个政权。这时,恩顾北魏朝廷的人已经没有,俊才豪杰都在为高氏、宇文氏的二分天下而奔走效命。

北魏皇室在孝文帝以后急速汉化,但绝不都是柔弱君子,其中仍不乏血性汉子。孝庄帝手刃一代豪杰尔朱荣;节闵帝神采高明,号称难治,最终被高欢废位;继位的孝武帝忌恨高欢,恨不得将他毒死,可见孝武帝也不是什么好对付的主。宇文泰辅助孝武帝半年,为绝后患,将孝武帝毒死,拥立孝武帝的堂弟为文帝。从这些事情上可以看出,北魏的汉化政策,并没有让宗室贵族变得文弱不堪，而是被鲜卑部族孤立了起来，这个结果应该说是汉化政策的一个失败。其实，当时中原的汉人再也不是往日的文弱汉人了，像高欢的部将高敖曹那样，带领乡里的汉人三千人鏖战，硬是把战无不胜的尔朱兆军队击溃。所以，人在不同的境遇和特殊的训练下，不管怎么样都能变得强壮起来的。

纠合了以六镇遗民为中心的北方边境鲜卑人的高欢，和招纳了氐、羌、匈奴、鲜卑、柔然等各民族精英的宇文泰，以洛阳为界分成了东西两大阵营，展开了争夺天下的战斗，龙骧虎斗，你死我活。曾经，宇文泰以一万兵士击溃高欢的二十万之众，杀戮八万，卤获铠仗十八万。有一次，因坐骑被射中，宇文泰跌下马来，差一点被生擒。还有，高欢败走，宇文泰的将士十三人穷追不舍，但都没有带弓箭，只得用长矛投向其背，矛刃刚要触及其背时突然垂直落下，方才拾得一命。阅读这些史料，就像是在读川中岛的战记一样。东、西两军，自主将以下都在舍命奋战，数年之中不分胜负，于是双方不得不退回各自的地盘，巩固既有的领土。

北齐、北周及南朝

高欢命世子高澄在邺城辅助东魏皇帝，自己则在晋阳开丞相府，坐镇晋阳决断天下军国大事。另一方面，以皇室为首的朝廷贵族，将洛阳的贵族生活就此移到邺城，邺城继洛阳之后成为北中国的文明中心。此时南朝正当梁武帝的治世，南方的贵族文明迎来了黄金时期。两国派往对方的通问使节也必定是一时之选，应对折冲，尽显才华。东魏曾派出李谐、卢元明等出使建康，谒见梁武帝时对答如流，滴水不漏。梁武帝目送东魏使节出门后对近臣说："朕不意今日竟遇劲敌，卿等常言北方无可取人物，今彼等何所从来？"梁武帝一直以天下最文明人自居，博学能文，尤其沉迷于佛教，"南朝四百八十寺"的盛况，说的就是梁武帝时期的情形。南朝是这样，北朝也一样，邺下的贵族对南朝的文明也极其仰慕。梁使来到邺城，立刻会引起都下的各种评论，梁使的一举一动，都会成为社交界谈论的话题。为显示文明，不使失礼，接待梁使的人必选门第才能双全的贵族，斗智斗勇，应酬得体。只要有一句话能屈服梁使，高澄便会喜不自胜，拍手称好。

高欢死后，世子高澄掌握了东魏的实权。将军侯景发起叛乱，但高澄非常巧妙地将侯景逼到了南朝。梁武帝误信侯景的谎言，引狼入室，致使国破家亡。侯景降梁后不久便发动叛乱，武帝在位的四十二年间，南朝歌舞升平，一派太平景象，但军备全废，毫无应战能力，只得任由侯景跳梁。武帝最终被幽闭饿死，建康的繁荣也一朝化为泥土。武帝死后，将军陈霸先率兵平定侯景之乱，再兴梁朝，不久便接受了梁朝的禅位建立了陈朝，陈霸先即陈武帝。

此时，北方的高澄也最终与东魏静帝反目。作为拓跋家族的天子，静帝一点儿也不愧对祖先，仪容俊美，射无不中，臂力过人，两胁夹着石狮子可以一跃过墙，且通文学，一时被目为孝文帝再世。高欢在世时，对静帝还非常恭敬，事无大小，必待静帝裁可而后行。但高澄却倚势倨傲，不把静帝放在眼里，曾经在酒宴上与静帝发声口角，高澄竟让近臣殴打静帝。静帝在宫中开挖地道，一心想摆脱高澄，重振皇室，但事情泄露，静帝被高澄幽闭，皇室宗亲被杀者六十余人。高澄早有篡魏自立之意，但不久为部下所杀而未果。高澄之弟高洋掌握东魏实权后，逼迫静帝让位，自称天子，建立北齐，高洋即北齐文宣帝。文宣帝即位之初尚能勤于政事，一时被称为名君，但不久便暴露出了凶残的本性。因忌恨诸弟的人望，将永安王高浚、上党王高涣置入铁槛，幽闭于城北的地牢之中。文宣帝曾亲自来到地牢中看望两位弟弟，唱着歌想与弟弟们重归于好。看到两位弟弟惊恐万状的样子，文宣帝也不觉声颤，恻隐之心油然升起，当场决定宽容这两位弟弟。但一出地牢便改变了主意，命手下用长矛将槛中的两人刺死。高浚和高涣两人用手死死抓住长矛，呼天哭地，抢过长矛将之折断。刺杀不成，文宣帝便命往铁槛中投薪火，将两人活活烧死。文宣帝还向拓跋家族开刀，虐杀东魏宗室二十五家七百余人。文宣帝对鲜卑人非常冷酷，反而喜欢中原人和西域人。皇后是中原人李氏，文宣帝即位后，不顾宗室中非鲜卑人不得母仪天下的反对意见，强行立李氏为后。又将内政全权委托给中原人杨愔。杨愔当政时，虽然主昏下清，但依然引起了鲜卑人的反感。文宣帝死后，年幼的太子继位，朝廷立刻出现了反动。文宣帝之弟常山王高演联络斛律金、贺拔仁等宿将，杀死杨愔，废幼帝自立，即孝昭帝。高演

在北齐诸帝中属于贤明者,但在位时间不长。高演死后,弟弟武
成帝继位。武成帝是一位资质凡庸的皇帝,屡屡诛杀大臣,尤其
是诛了名将斛律光之后,自毁长城,大大削弱了自己的力量。
北齐虽以邺城为都城,但军事中心却在晋阳,因此诸帝常年往返
于邺城和晋阳之间。虽然北齐吸取了北魏迁都洛阳导致皇室孤
立的前车之鉴,但此时已是人心涣散,在北周的连年攻击之下
亡国。

与东魏一样,立足于长安的西魏也是命运多舛。宇文泰死
后,子宇文觉废西魏恭帝自立,定国号为"周",史称"北周"。与
北齐相比,北周领土狭小,常常受到北齐的压迫。北周武帝宇文
邕继位后,国家的根本得到巩固,天下形势为之一变,北齐反而常
常受到北周的压迫。早在宇文泰辅助西魏之时,就创立了府兵
制。府兵制是一种全民皆兵的军事制度,只要是民丁,不问民族,
一律承担服役的义务,在兵营中接受统一的训练,培养国家意识,
在社会上融合各个民族。所幸的是,自东汉定都洛阳以后,长安
在数百年间远离文明的中心,没有洛阳或邺城那样的浮华风气。
五胡骚乱以来,出入关中的民族最为频繁。北周皇室虽然出自鲜
卑,但却没有鲜卑至上的意识,对不同的民族一视同仁。这个环
境非常有利于宇文氏推行兵营同化政策。农民轮番到兵营接受
军事教育,归农后成为乡兵,也就是说,北周的民间隐藏着无数的
预备军人。关中的土地又相对贫瘠,不便于豪族的兼并。总之,
对北周来说,人们的劳动受到了最大的尊重,物欲相对微弱,而人

们的精神昂扬。野蛮的游牧民族在接触到文明社会以后，不失本民族的朴素性，逐步定居，逐步文明，这种最理想的过程，在关中地区得到了实现。宇文泰推行府兵制后十一年，他最小的儿子宇文邕登上帝位，即北周武帝。周武帝继位后十七年，终于灭了宿敌北齐，统一了中国北方。这些绝不是偶然的。

短命的隋王朝

北周对北齐的征讨战争，首先向东渡过黄河，溯汾水而上拿下平阳，然后以平阳为中心展开了争夺天下的激烈战斗。北齐军从平阳败退后，北周军乘胜追击，一鼓作气直捣晋阳，北齐失去了晋阳这个军事都城以后，名义上的都城邺城几乎不战而降。然而，就在平定北齐的次年，周武帝病逝，三年后，外戚杨坚篡周自立，建立了隋朝。真所谓革命的国家，命运多舛，前途莫测。有人经常会做这样的分析，宇文氏的北周是鲜卑人的国家，建立隋朝的杨氏是汉人，由此来探讨周、隋之间的差异，学术研究上没有比这更无聊的事儿了。当时的宇文氏几乎已经褪尽了鲜卑人的所有特点，汉化程度极高，朝廷上下，用的是汉字，说的是汉语。杨氏虽然是汉姓，但在血统上、习俗上，与前朝的宇文氏难道真的有什么两样吗？宇文氏也好，杨氏也好，都不过是更生后的新社会中同质的一分子，即使是对此后建立唐朝的李氏而言，同样也可以这么说。

隋文帝在接受北周的禅位建立隋朝后的第九年，平定南方的陈朝，统一了天下。这是再理所当然不过的历史进程了。然而，文帝死后，炀帝继位，不久，社会再次陷入动荡，统一天下后仅仅二十五年，隋朝便宣告灭亡。隋朝如此短命的原因是什么呢？是炀帝的暴政？是因为开凿大运河困苦人民？这样的理由可以找出很多，但我认为最主要的不外乎一点，即隋炀帝嫌弃国家的根本所在关中地区的干燥无味，重蹈亡陈的覆辙，憧憬浮华的文明生活，长时间放弃都城长安不住，建设东都，南下江都，沉湎于安逸奢华的生活。江南经过六朝时期的开发，成为全国社会财富的一大渊薮，打通江南和华北之间的联系通道是势在必行，不管谁做皇帝都会考虑这个问题，因此，将大运河的开凿归咎为炀帝的暴政，这是没有理由的。

隋朝短命的理由，还可以作如下分析。天下自南北分裂之后，南北社会朝着各自固有的方向发展。南方，豪族兼并的风气非常强盛，同时，兼并之风在北方东部的北齐境内也不亚于南方。隋朝在关中地区比较顺利地推行了均田制，全国统一后，炀帝肩负着将均田制推向全国，抑制豪族的土地兼并，减轻农民负担的责任。有一点炀帝应该意识到，这就是大凡重大的社会改革，都会引起社会各个方面的摩擦，炀帝只要坐镇关中，手握强兵，不管何时何地，只要出现突发事件，马上派兵镇压，各项改革措施就能顺利实行。但是，炀帝却没有意识到。即使是在征讨高句丽失利、人心动摇的危难时刻，炀帝还是离开了长安，第三次下江都。

天下暴动蜂起之后,炀帝进退维谷,最终被部下杀死,家破国亡。

大唐帝国成立的意义

止息隋末动乱,平定群雄割据,奠定大唐三百年根基的唐高祖、太宗父子,最初起兵的地点就是北齐的军事首都晋阳,这一点让人颇多感慨。太宗李世民一早就劝父亲首先占领长安,集关中之精兵以供驱使。看到这里,不得不让人更加佩服他们非凡的眼光了。拥有北齐高氏的精锐部队和北周宇文氏的旧地盘,李氏的势力占据了绝对优势,当然,以超群的手腕将隋末群雄逐个平定的太宗的军事才能也是毋庸赘言的。同时,即使在重用文学之士,偃武兴文,鼓吹社会的普遍文明之时,太宗也一直没有离开过长安。这就是隋朝之所以灭亡,唐朝之所以繁荣的原因所在。

李氏到底是出身中原名族陇西李氏,抑或出自北方游牧民族之裔,这样的讨论几乎是没有意义的。我们只要看到以下这一点就足够了,这就是,汉末以来,已经高度文明化并因此而堕落的中原社会,因北方游牧民族的侵入而脱胎换骨,到了唐代,迎来了面目一新的新社会。唐人在世界范围内的活跃程度令世人瞩目,这其实是几个世纪以前就已经奠定下来的历史发展轨迹。在这一节中,我们没有详细叙述唐人对西域的经营、都城长安的文明生活等内容,只是对唐代繁荣社会产生的背景作了概述,接下来我们来看唐代后期的民族移动。

（五）新的民族迁徙与唐帝国的分裂

军阀的叛乱

以朴素主义为基调的大唐帝国,它的腾飞在世界的东方历史上是空前的。长安作为这个庞大帝国的都城,是当时的政治、经济中心,当东南地区的财赋源源不断地通过运河送到这里供人们消费之后,浮华的文明之风逐渐浸润了这座当时世界首屈一指的大都会。曾经出则为兵、入则为农的朴素的自耕农,他们耕种的土地,再次沦为官僚贵族兼并的对象。大唐北讨突厥,东并三韩,抚慰西域诸国,其主要兵力就是关中的农民。朝廷贵族懂得如何驱使他们,却不懂得如何保护他们。不仅不知道保护,甚至连他们的土地都兼而并之,最终导致流民相继,均田制崩溃,府兵制坠毁,军国之需无从可征。大唐帝国的国力,在继太宗之后的高宗时达到了顶峰,中宗时发展即出现了停滞。

玄宗在平定宫廷内乱后登上皇帝宝座,即位后就着手将府兵制改成了佣兵制。这项改革的主要内容是,让亦兵亦农的府兵全部归农,招募新近降唐的北方游牧民族组成军团,让其守备边境,四处征讨。设置的十个节度使主要分布在北部边境地带,佣兵的招募和训练,全由节度使负责。这样一来,朴素民族和文明社会之间的新的对立,又一次出现在唐帝国的内部。此后的二百数十年间,直到宋太祖的再次统一为止,世界东方的历史,就以这一新形势为核心向前发展着。

玄宗末年,身兼平卢、范阳、河东三节度使,实际控制着东部长城地带的胡人安禄山举兵反叛。安禄山的部下基本上是以突厥骑兵为骨干的游牧民族联合体,黄河南北地带即刻成为叛军蹂躏的对象。叛乱爆发之前,唐朝国内的武备已完全废弛,面对叛军,能够依靠的只有西北部河套沿边的节度使。这一带节度使手下的兵士中,加入唐朝社会不久、尚未完全汉化的游牧民族占有相当的比例。玄宗逃出长安往蜀中避难,太子肃宗辗转至朔方即位,抚慰河套精兵,并得到回纥的援助,开始复国计划。后安禄山为其子所杀,叛军由史思明统领。史思明也曾想与回纥连横共同灭唐,但遭到回纥的拒绝,回纥决定帮助唐朝。回纥是继突厥之后称霸蒙古高原的突厥语族的游牧民族,是当时最为强盛的民族国家。回纥的援助,使濒死的唐王朝起死回生。史思明死后,叛军余众逐渐被逼到东北一带,到了肃宗之子代宗时,贼将李怀仙杀死史思明之子史朝义降唐,安史之乱至此终得平息。内乱虽然平息了,但因这场内乱引起的局势并没有因此而消解。作为贼将手下骨干力量的游牧民族将士,在内乱平息以后并没有被改编为中央军,而是就此留在贼将的身边,继续为贼将效力。也就是说,贼将带领他们的游牧民族将士只不过是名义上的归降而已,由他们构成的河北三镇,一直到唐朝灭亡,基本上都处于半独立的状态,不服朝廷之命。

移民的暴动

藩镇的跋扈不限于河北,只要是有新附民族的存在,当地的藩镇就不会老实。外来民族聚居的地区,除北部边境地带之外,中国内地的今河南省南部也是一个集中区域。河南的唐州、邓州等地,土地贫瘠,荒原遍野,唐朝政府经常将突厥等民族的归附人口迁移到这一带,命其开垦种植。但是,这些民族不喜耕种,宁愿在山野中狩猎为生。一旦有地方节度使招募兵士,他们就积极应募,非常乐意成为节度使的爪牙。淮西节度使吴元济的叛乱,实际上就是利用突厥降民来对抗中央的武装斗争。对于朝廷来讲,河北藩镇的独立尚可容忍,可以不问,因为他们毕竟同时起到了阻止北方新兴游牧民族契丹南下的作用,但是,河南这样的内地是朝廷的腹心之地,无论付出多大的代价也要将之扫平。名将李愬集天下精兵包围淮西镇,其间发挥最大作用的,仍然是从唐、邓山区募集的被称作"山河子弟军"的猎人部队。吴元济反叛四年,终因部下的背叛而亡。削平淮西镇,是发生在肃宗的玄孙宪宗时期的事。

到了宪宗之孙武宗时期,盛极一时的回纥也终于走向衰亡,回纥的根据地外蒙古高原被兴起于更北的黠嘎斯所占领,回纥部族四处流散。回纥的灭亡,完全是因中国社会的文明所致。回纥兴起之后，君臣大义虽然严明，但君臣感情却非常深厚。安史之乱爆发之后，回纥派出的援军帮了唐朝的大忙，作为回报，回纥不仅在唐朝获得了自由贸易的特权，而且还享受到了种种特权，回纥贵族的生活开始奢侈，与部众之间的鸿沟越来越深。唐朝每年向回纥提供的岁币虽然只有绢帛二万匹，然而可汗娶唐朝公主为妻，送亲时的陪嫁数量却是惊人的，一次成婚，竟要费钱五百万贯。到了登里可汗时期，索性抛弃游牧民族的帐篷生活，大肆营建宫室，妇人则施粉黛，着锦绣。因为回报回纥的救命之恩，唐朝的国家财政为之空竭，回纥的民族团结也因此趋于崩溃。

回纥残败之后，其余众有的西迁，有的则南下叩关降唐。唐朝政府将这些降民转移到内地的唐、邓等州安置，这些降民在旧首领的纠合下，再一次踏上了军阀化的道路。突厥和回纥本属同种，但两者之间的相互攻伐从未间断，即使在被唐朝政府强制迁徙之后，两者之间的反目也没有停止。

唐武宗的堂弟懿宗在位时期，浙东爆发了裴甫领导的反乱，将军王式在江淮地区招募流配到这一带的回纥人进行征讨，因此，在王式指挥的忠武军里存在着较多的回纥兵士。次年，徐州爆发了以突厥余众为主体组成的银刀都军的叛乱，王式再次率领忠武军将士前往镇压，叛乱一时间得到了平息。忠武军的将士戴着黄帽子，时称"黄头军"，是当时令人闻之色变的战斗力量。徐州的银刀都军此后再次掀起叛乱，而且势头极其猖獗，占领了运河要冲宿州。如果置之不顾，朝廷与东南财赋重地之间的通道就会因此中断,这关系到帝国存亡的大局,即使付出再大的牺牲,朝廷也必须将之彻底镇压。唐朝政府此时能够依靠的是新近流入到河套地区的沙陀部族,在酋长朱邪赤心率领的沙陀兵的协助下,银刀都军的叛乱终于得到了解决。

沙陀部也是突厥语族的一支,一开始归属突厥,后来归属回纥。朱邪赤心因平叛有功,被唐朝赐姓名为李国昌,并被任命为大同节度使。在李国昌的率领下,沙陀部族越过长城,迁到中国内地的北部定居,逐渐形成了一大势力。大同位于晋阳以北,是北魏的创业之地,靠近平城。不久,唐朝又爆发了王仙芝、黄巢以及突厥失业将士的大叛乱,南屠广东,蹂躏中原,陷洛阳,破潼关,占领都城长安,懿宗之子僖宗逃入蜀中避难。唐朝政府征集勤王军,李国昌及其子李克用率领沙陀部和鞑靼部兵士再次入援,与诸道将士一起击溃黄巢,恢复了长安。李克用因此被任命为河东节度使,占有晋阳。

黄巢叛军的核心力量中,包含了不少迁居内地的突厥等部族的人员,此前徐州动乱的漏网之鱼也纷纷加入其中,因此极其猖獗。一直以来,居住在唐帝国内部的异己分子,往往以集团的形式纠合在一起,即使贼帅死了,还会有其他人出来统领众人,成为新的贼帅。官军也试图将之一举剿灭,但他们总能找出官军的弱点,突破官军的包围,一路大肆掠夺,补充给养,因此捕获贼众是件非常不容易的事。朝廷召集全国之兵来对付黄巢,并且通过计策来离间黄巢内部,导致黄巢的部下朱温降唐。黄巢逃离长安后被部下杀死，从王仙芝起事以来十余年，这场叛乱才告一段落。

黄巢之乱使整个唐帝国陷入了混乱，皇室威严扫地，随之而来的是群雄的割据和帝国的分裂。黄巢手下的贼军将士投降之后，因其骁勇善战，又一次成为各路军阀手下的爪牙，为天下的分裂割据推波助澜。

军阀国家的分合

黄巢死后，其部下大多投靠了曾在贼中的朱温。朱温投降朝廷以后，被任命为宣武军节度使，坐镇汴州。汴州位于运河与黄河的交会点上，是决定帝国命运的交通要冲，占据汴州的朱温因此势力日渐强盛，远远压倒了其他军阀，最终篡夺了唐朝，自立为帝。当时，黄河南北的军阀主要有三股势力：一是历史最长的安禄山余众，即所谓的河北三镇。三镇之中，魏博镇的兵将最强；二是占据山西晋阳即今太原的沙陀李克用。因其与更北的游牧民族鞑靼等联系频繁，因而兵马强盛；第三就是黄巢贼军脱胎换骨以后的汴州朱温。其中朱温靠近唐都长安，操纵、利用唐室也最为方便。朝廷必须通过东南漕运而来的财赋才能存命，如果汴州的朱温切断这条帝国的生命线，即刻就可以致帝国于死命。因此，黄巢乱后，唐帝国虽在犹亡，不过是朱温的傀儡罢了。

唐代中期以后，朝廷内部宦官嚣张跋扈，到了末期，唐室完全被宦官架空。僖宗之弟昭宗不堪其弊，召朱温进京，将宦官一网打尽。但也正因为这个事件,朱温(全忠)的势力从此进入唐室内部,百官噤若寒蝉。朱温不久杀死昭宗,立昭宗之子为帝。在残酷的现实面前,没两年哀帝就将帝位让给了朱温。朱温接受禅位后,建国号为梁,定都汴州,即今开封。朱温即后梁太祖。当时各地的军阀,除山西的李克用之外,虽然口头上大多尊崇后梁的主权,但个个都在封疆自卫。中央政权从唐朝转向后梁,这意味着天下的彻底分裂。后梁的政令所及仅限于黄河沿岸,南方长江流域及其以南地区形成了数个独立政权。这些政权的渊源如果追溯起来的话,都与黄巢叛军的余党有关。

黄巢死后,其余众并未全部降服,在秦宗权的统率下转战各地。秦宗权死后,孙儒代为统领,以淮南道扬州为据点。杨行密起兵讨伐孙儒,几经胜负,最终战胜孙儒,抚慰收编孙儒的部下,以扬州为中心,逐渐占有今江苏、安徽、江西等省的大部分地区,自立为王,建国号为"吴",史称"杨吴",后为南唐国取代。

孙儒被杨行密击败后,一部分部下窜至浙东一带。当地豪杰钱镠爱其勇猛,将其编成牙军,号"武勇都",凭借这支勇猛的部队,钱镠占有今浙江及苏南部分地区,建立了吴越国。

此外,孙儒的部将马殷率领部分余众进入今湖南地区,以长沙为根据地建立了楚国。

以回纥出身的军士编成的黄头军,在朝廷剿灭黄巢叛乱的战争中英勇奋战,屡立战功。朱温的势力日益强盛之后,黄头军自然也就归属到了朱温的手下。黄头军的将领之一王建,率领部下进入今四川省,以成都为中心建立了蜀国,史称"前蜀"。

大小割据政权遍布长江上、中、下游以后,更南的福建地区和两广地区与中原的联系自然就被隔离了开来。王氏在福建建立了闽国,刘氏在广东建立了南汉国。加上其他几个小的割据政权,共计有十国。除上古春秋战国时期外,如此众多的小国林立于中国各地,而且能够维持数十年的国运,这在中国历史上是非常罕见的。这显示了中国南部的开发达到了相当的程度。各地区都有着各自的特色产业,甚至交易南海,获取财货,以此给养军士,拥众自守。中国南部因相互之间紧密的经济关系而形成的自然区域范围,可以说定形于五代十国时期。对照五代十国的割据形势图和现今的中国地图,可以清楚地看出,南方各国的国境线基本上就是现在的省界。

在中原,对获得霸权的后梁来说,占据今山西太原的沙陀是一个很难对付的强敌。李克用与梁太祖之间战事不断,互有胜负,到李克用之子李存勖时,与后梁势力的日益衰退相反,李氏的势力日益昌盛。原来一直支持后梁的河北魏博镇至此反戈倒向李氏,加上后梁政权的内讧,李存勖以魏博军为先锋攻入开封,灭亡后梁,自立为帝,建立唐国,史称"后唐"。李存勖即后唐庄宗。

梁、唐的政权更迭,不仅仅是一场易姓革命,实际上是挟黄河血战数十年之后沙陀部彻底战胜黄巢余孽后梁的一场战争。战争的结果,中国北部的三大军阀,即山西的沙陀、河北的魏博、河南汴州的后梁这三大势力合而为一,归于统一。本来,这股统一

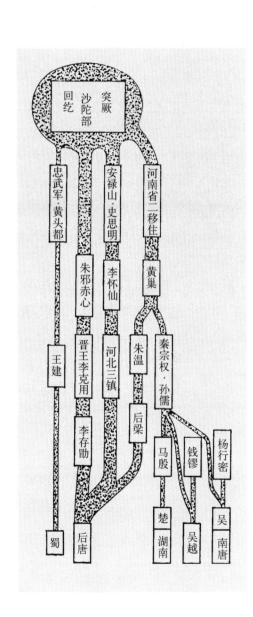

唐末五代漠北
民族迁徙图

势力对地方上的各股军阀势力造成的威胁应该是巨大的,然而,这三大旧势力在短时间内想要达到完全合一是很困难的。这些军阀无一不是从北方草原迁到中原的突厥、回纥等游牧民族的化身,他们之间固有的共和思想依然强烈,在他们看来,天下的共主应该由人民推选产生。因此,在强有力的一代君王死去以后,总有一部分人不认同君王的世袭权利,因而拥立其他君王的运动便再三出现。由于军队的舆情不统一,即使拥有强大军队的后唐,其内部也是内讧不断,好不容易平定的蜀地,孟知祥又建立起了独力政权后蜀。

后唐之后,又经历了后晋、后汉,直到后周时期,中央军阀间的内讧才渐次收场。后周世宗派兵南伐,首先攻取了南唐国的淮南江北之地,但就在前途光明之际,周世宗英年早逝。代之而起的是北宋太祖。赵匡胤在军人的拥戴下即位,建立北宋政权,继承周世宗的遗业,平定南方诸国,中国重归统一。从此,中国历史中世纪的色彩逐渐褪去,近世的色彩逐渐浓厚。

三　近世朴素主义社会的理想

（一）日益文明化的近世社会

近世社会的兵农分离现象

经历五代到了北宋，中原社会的文明化程度越来越高。宋承五代之后，将位于黄河与运河交汇处的开封定为首都。五代十国时期，传统的中原文明更多地在中国南方得到了保存，加之受到来自南海方面的西方文明的刺激，中国文明的发展达到了一个更高的层次。北宋平定南方诸国后，带有明显南方色彩的文明反过来流入北方，形成了宋代的近世文明。还有一个事实，这就是在宋代近世文明的形成过程中，通过东西贸易传播而来的西亚和伊斯兰文明也给予了较大的影响，而且这种影响或许还要比我们想象的深刻得多。不过,这些内容与我们本书的话题关系不那么密切,因此暂且措而不谈。

那么,哪些方面可以用来作为宋代近世文明的指标呢? 为方便叙述起见,我们试着从以下三个方面来观察。

第一是兵农分离的社会。中国上古时期也曾经存在过一种兵农分离制度,然而,那时的兵就是士,即贵族,宛如我国江户时代的情形。进入中世纪,氏族内部的阶层制崩溃以后,亦时常可见兵农分离的倾向,尤其是在群雄割据,国家草创,或者外部民族入侵之时,军士夜不卸甲,一批最具军士素质的人就此成为职业军人,征战不息。然而,等到形势安定天下太平之时,原有的军队便会解散,一旦有事,则征伐农民进入军营,训练作战。原则上,一般农民均有承担兵役的义务,全民皆兵主义是中世纪社会的一大特征。唐代,府兵制崩溃,募兵制度确立,农民在不知不觉之中摆脱了兵役的义务。宋代建立以后,也一直采用募兵制而未有改作。在这样的背景下形成的兵农分离制度,兵早已不是贵族,只不过是社会分工的一个部门,农民通常是不会选择当兵的,因此,兵士的地位或许还在农民之下。

唐末藩镇跋扈,各地的节度使手下都豢养了一批被称作牙军的雇佣兵,节度使在这批骨干力量的支撑下,无视中央,盘踞一方。五代分裂时期,军阀在各地自立,称王称帝,牙军也一变成为禁军。就中央禁军而言,尤其是后唐灭亡后梁以后,将太原、魏博、汴州三镇的牙军共同组成中央禁军,其军事力量史无前例,完全具备了统一全国的军事条件。四十年后,宋太祖之所以能够平定诸国,依靠的也是中央所控制的禁军。宋太祖平定诸国后,在军中选择体魄强壮者组成了自己的禁军,数量超过二十万,这样的一支军队,充分起到了威慑地方,维护社会秩序的作用。

募兵制度也有不少优点。社会进步了,战术也变得越来越复杂,经过专门集训的职业军人,与遇事匆忙召集起来的乌合之众农民军相比,其优势毋庸赘言。同时,有了职业军人后,农民亦可一心一意专注于农业生产,即使战争爆发,亦可在很大程度上保证土地的收益。但是,募兵制最大的弱点在于士气的振作与统御的难易之间往往无法两全。五代被称为是骄兵的天下。在地方藩镇,牙军如果稍有不满,即刻就能威逼节度使,甚至拥立新主。在中央,如果禁军掀起革命,改朝换代这样的大事亦在朝夕之间。在军队内部,通过自由竞争胜出的军人往往赢得统帅的地位,其武勇之气,往往可以维持数十年而不衰。宋太祖建国以来,为使自己的国家安泰无事,对军队采取了压制态度。由于过度重视对军队的统御权,反而矫角杀牛,自断爪牙,士气极其低落。将士不亲,士兵分离,将军竭力回避过问国家大事,将军一旦受到将士的信任,朝廷便会千方百计阻止其建功立业。在这样的风气下,即使有一百个韩信,对国家也毫无帮助。武将沦为朝廷猜忌的对象,唯一能做的就是什么都不做。

训练废弛,将士懈怠,一旦朝廷有事,需要用兵,军中便会弥漫焦躁不安的情绪。让懦弱的军队出战抵挡外敌,只能通过增加数量来鼓舞士气,除此毫无办法。这样一来,宋朝的禁军随着每次的战事而数量大增,无有止境。第三代皇帝真宗时,北方辽军来袭。第四代皇帝仁宗时,西边的西夏勃兴。北宋建国以来八九十年,禁军增至八十余万,这并不一定就真有八十万禁军,在军纪废弛的年代,遇到朝廷检阅时凑起来的所谓幽灵士兵并不少见,然而,朝廷却不得不支付这八十万人的军需,这一点是不容含糊的。

由于朝廷对禁军统御手段用尽,因此,军队在天子面前竭尽恭谨,王朝看似安如泰山,但同时天子又不得不负担起供养禁军的重任。再温顺的猫,如果不给它食吃,保不准什么时候就会惹事。因此,为了供养庞大的禁军,朝廷面临着巨大的财政压力,同时这又是一个王朝的死活问题。

中世纪以来,朝廷通过土地征收的田租并不重,这不一定就意味着朝廷对农民的优待,其实这只对大土地所有者有利。由于地主向佃户收取的私租很高,因此,国家的田租越低,大土地所有者得到的利益就越高。由于农业技术的不断提高,产量比上古时期增加不少,然而朝廷却一直没敢提高租额。即使到了宋代,为了支付新生常备军庞大的军需开支,朝廷也没有从田租中去想办法,而是设法通过其他的税源来解决,这就是唐末以来的专卖制度。

盐、铁的专卖,在汉代虽然实行过,但仅为一时之法,而一直延续到现代的专卖制度其实始于唐末。宋代,盐、酒、茶、矾等被列入专卖品,专卖品的规定虽时严时宽,但购买这些物品时必须缴纳相当高的消费税。对生活必需品所征的消费税,不得不说是一种恶税,但是,既然任何人都得消费,那么想通过以往那种隐匿户口、瞒报财产等方法来逃税是做不到的,因此,这是万无一失的税源。如果想逃脱专卖品消费税,办法只有一个,那就是走私。

事实上,像盐这样的生活必需品,谁都希望能够便宜买到手,这种希望在民间尤其迫切。既然有这样广阔的市场,因此,不辞万死进行走私就是很自然的事了。走私越炽盛,对朝廷财政的冲击就越大,因此,朝廷只能加大处罚力度,被处死者也不罕见。然而,只要有利润空间的存在,冒险者就会像海滩上的沙子一样冲刷不尽。走私集团在非常严密的组织下,联络四方,贿赂官宪,各显神通。走私毕竟是一宗非常危险的买卖,走私集团往往组织武装进行自卫。武装自卫一旦被查出,政府的处罚更加严峻,从而又想出了暗中藏刀等各种隐蔽手法。然而,一旦走私活动过于猖獗,政府的集中打击就在所难免。政府的严打,往往促使走私集团铤而走险,掀起武装叛乱,因此又有了"盐贼"的称呼。盐贼横行之秋,通常又是盐价高昂之时,也是政府财政最为困窘的时候,因此,政府的方略往往不是将之彻底镇压,而是采取招安的手段与匪徒妥协,劝其归顺,然后将其改编成军队。《水浒传》里描写的中国社会正是这般情形。可以这么说,近世以后的中国社会,由于政府强力推行专卖制度,其结果造成了许多不服国家统制的异端分子和秘密结社,这使得国家和社会一直面临着来自内部的瓦解危机,这正是近世募兵制造成的必然结果。

近世士大夫阶层的形成

近世社会有别于中世纪社会的第二个方面是社会指导阶层的变化。中世纪社会的指导阶层是官僚化贵族,这一批贵族多属战国末期的封建性豪族,进入汉代以后,他们渐次与中央政府妥协。中央政府给予豪族跻身朝廷或地方官吏的便宜,豪族则发誓效忠中央政府,这成就了豪族性的官僚或官僚化的豪族,这就是中世纪的贵族。王朝虽屡屡更替,贵族也时有盛衰,但他们总能很好地保住自家命脉,太原王氏史上七十余人有传,河东裴氏十代有传,赵郡李氏一门十七人为相。贵族大臣们时而依仗门第欺凌皇室,皇室也绝对不是高踞贵族之上的权力者,只不过是因皇权在身而稍出其右而已。在这样的情形下,即使掌握实权的将相篡位建立新王朝,只要不侵害到贵族们的切身利益,贵族们便会甘于侍奉新主,保证自家利益,故有寡廉鲜耻之讥。

然而,自唐末五代以来,天子依仗禁军的势力,逐渐走向独裁专制。在中世纪,天子能够通过武力直接控制的区域不出王畿,地方上的州或郡则是国防上的独立单位,原则上州的防卫由州自己来解决。州虽然隶属中央,但却是一种封建性的存在。反过来说,天子膝下的地盘也不过是一个州,只是这个州由天子直接统治罢了,因此,天子依然带有上古地方官的性质。也就是说,天子通过其武力直接控制王畿,同时间接地控制着地方州郡,这种倾向是比较明显的。到了近世,国家整体上变成了一个国防单位,天子通过禁军守卫边防。这个国防单位内所有的领土,全都被置于天子直接的武力保护之下,与之相应,天子的威令也能够贯彻到地方的边边角角,作为封建残渣的官僚化豪族失去了存在的基础。天子任命的官员,并不是因为他们是地方上拥有势力的豪族,而是能够服从天子驱使、彻底贯彻中央命令的官员。至此,官吏登庸法,即选拔官员的方法也发生了重大的变化。在中世纪,贵族子弟不仅可以继承父辈的财产,甚至可以继承父辈的官位。父亲如果官至宰相,那么他的儿子若能活到相当的年龄,继任宰相则是非常普遍的现象。贵族们深谙不成文的既得权,即对门第非常熟悉。将不同门第出身的贵族子弟安排到与他们的门第相应的官位上去,这就是中央政府吏部尚书最重要的工作,因此,吏部尚书的职位和权限甚至重于宰相,非一流名门贵族出身的人不得充任。进入隋唐时期,科举考试似乎给了天下士子均等的入仕机会,但科举出身的进士们在踏上仕途之前,依然不得不接受吏部的考试。很多寒门出身的进士在吏部考试中被淘汰,即使通过了吏部考试,在今后的仕途上依然会碰到任地偏远、长年不叙等各种困难。重视门第还是重视科举,这场争论,唐代晚期已经很激烈,五代时终于有了结果。五代的君主大都出自朴素民族,他们的观念中没有尊重门第这一说,他们任用的文官,要么是科举出身的人,要么就是有实际工作经验的人。进入宋代,为了抑制武官的势力,大量启用文臣,文臣之中,科举出身的人又特别受到重用。与之相应,科举制度本身也出现了重大的变化,在连续几场的笔试之后,天子还要亲自命题监考,在大殿上举行"殿试"。通常,中举士子都称自己为监考官的"门生",如此,监考官与中举士子之间在义理上就结成了一种私人从属关系。在这种社会风尚下,通过殿试的进士们自然就成了天子的门生。一生中间必须同甘共苦的私人从属关系一旦形成,进士出身的官员们就会鞠躬尽瘁,勤于王事。唐代的旧贵族,因五代都城从长安迁往开封,财政上遭受了很大的打击,五代朝廷数十年间对他们又没什么照顾,因此到五代结束时,这批旧贵族基本上都已衰亡。从此之后,中国历史上再也没有出现过带有中世纪性质的贵族,代之而起的是北宋以降纯官僚性贵族的出现。北宋以降的官僚贵族从一开始就是官僚而不是豪族。只要有了官僚的地位,在敛财方面必定有很多途径,因此,达官死后留下巨额的良田美产是再自然不过的事。他们的子孙拥有丰厚的家产,朝廷中又有缙绅故旧,因此,只要他们中举,官途自然要比他人光明畅达得多。世袭贵族的形成并不是朝廷的本意,但官僚的世袭化又是一种不可避免的倾向。在这种情形下,朝廷的态度似乎也不含糊,这就是官僚贵族只要不发展到中世纪贵族那样凌驾皇权,那么通常就不会通过强制性的措施来抑制它,这是个底线。

中世纪贵族最看重的是门第,因此,毫无才学可言的高门子弟占据高位的现象并不少见。进入近世以后,高级官僚几乎都是清一色的科举进士，从学问上来说，他们毫不逊色于中世纪贵族，"士大夫"一词，也一变成为这一群体的专称。与中世纪贵族相比，近世士大夫更具贵族气质。从这个意义上来讲，近世社会的文明程度又远远超出了中世纪。

但是，通过科举考试，朝廷是否真的能选拔到想要的人才呢？这又是另外一个问题了。科举考试的题目前后虽然也有些变化，但都不会超出经义、诗赋、论策这三大类。经义，依据儒家经典原文出题，要求举子对其进行阐释；诗赋，给出题目和韵律，要求举子写出美辞佳句；论策，给出题目，要求举子对古今得失进行议论，可以说是一种历史学考试。随着竞争的日趋激烈，与备考相关的各种产业也日益发达。对于一个人的知识和学问，即使经过数轮考试，要想完全了解都不是一件容易的事，更何况一个人的才能、学识以及德行呢！

通过科举考试来选拔人才，这给了天下人一个均等的机会，表面上是公平无私的，也封住了所有反对论者的口。但是，如果单纯从公平无私这一点上来讲，下围棋也可以啊，下象棋也可以啊，相扑角力也可以啊，哪怕采用小学生玩的击杖游戏也未尝不可，但这些比赛都无法令人信服。古典学问，在动辄夸耀悠久文明的中国社会里，有着巨大的魅力，是科举考试最佳的选择。然而，从实用价值上来说，选择古典和选择击杖游戏其实没有本质上的区别，这只能让学问日益竞技化、游戏化。社会精英们在正经八百地玩游戏，这就是文明社会烂熟的一大症候。

物质生活水平的提高

近世中国社会日益文明化的第三个表现,可以说是社会整体物质生活水平的提高。物质生活水平的提高有着多种多样的原因,首先第一点就是社会分工的进一步细化。兵农分离本身就是一种社会分工,数十万乃至数百万的常备军是一群纯粹的消费者,这个群体成为近世社会的新分子。新兴的士大夫阶层,回到地方就是地主,他们将土地出租给佃户耕种,收取的地租远远超出中世纪贵族对部曲的剥削。他们也是一个消费阶层,为了方便子弟们科举入仕,很多人将生活的场所从乡村转移到了城市。他们的土地上生产出来的米谷已经成为最好卖、最保险的商品。经营其他商品的商人与他们同居一座城市,依据经营的商品种类结成了行会。这些商人同样也属于消费阶层。消费刺激了生产,促进了商业的繁荣,商业的繁荣又促进了消费的进一步扩大。不用说,消费的旺盛,就是物质生活水平提高的象征。

最大的消费城市无疑是都城开封。开封自古以来号称四通八达,除黄河、运河的水运之外,还有蔡河、五丈河等水运之便,八十万禁军之中约有一半驻屯在这里,宗室百官拿着厚俸高禄,在城里构筑豪第,朝廷每年需从东南以漕运方式运来六七百万石米谷供其消费。来自西北的回纥、和阗,以及南方的南洋、阿拉伯使节、商人等,给这座城市增添了异彩。一年四季大型活动不断,尤

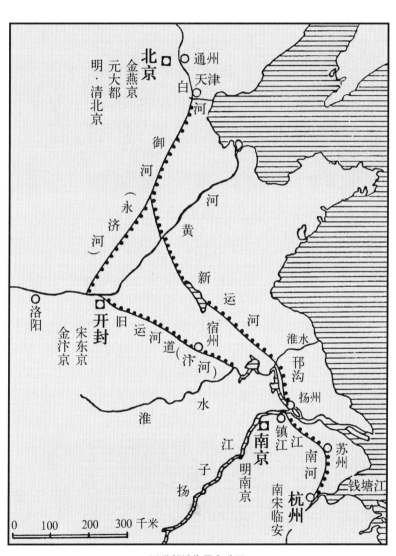

近世都城位置变动图

其是遇到朝廷的重大礼仪活动,士女倾城出观。都城的流行和时尚,又会立刻传至地方都会,从而风靡全国。

近世社会物质生活水平的提高,又与生产部门的技术提高密切相关,当然这与社会分工的发展是密不可分的。生产技术的提高,不仅表现为传统技术的进一步完善,更表现为新技术的采用。促使生产技术大步提高的根本,是这一时期科学知识的进步,这一点是不可忽视的。与西亚、伊斯兰世界的频繁交往,虽然也是刺激宋代科学知识发展的重要因素,但宋代社会独有的机械、冶炼、药物等科学知识更是取得了飞跃的发展。最能代表宋代高超技术的是瓷器烧造的完美,技术也好,意匠也好,无一不是冠绝人类的。制瓷业的完美发展,表明宋朝人对火力这个能源的使用已经得心应手。

宋代社会的文明,尤其是都市的文明生活,达到了当时世界的最高水准。威尼斯商人马可·波罗元初周游世界时,令他最为惊叹的不是波斯,不是东罗马,也不是印度,而是南宋旧都临安的繁华。

总之,进入近世以后,中原社会的文明化程度进一步提高,文明的鲜花绚丽灿烂,美不胜收,然而它的健全性却是一个疑问。君主的独裁专制,对内确实是巩固了自身的权力,但对外却是软弱的。同时,潜藏在社会内部的破坏势力,始终是引发社会动荡不安的因素。取代中世纪贵族登上历史舞台的近世士大夫阶层,没有任何外在的能力能够帮助天子定国安邦。物质生活水平的大踏步提高,致使享受之风浊浪滔滔,中原人士的个人主义倾向也日甚一日,且日益文弱化、女性化、意志薄弱化。在这种情形下,东洋历史上反复出现的历史现象就会再次出现,这就是朴素民族的侵入。接下来我们将眼光暂时离开这个文明社会,来看一下地平线彼方蒙古高原上生性泼辣、充满生气的沙漠之子。

(二) 朴素民族的民族自觉

朴素民族的生活及其与中国文明的关系

北方的蒙古高原上,虽然占统治地位的民族也在不断地更替,然而,逐水草而居这一太古以来的游牧生活方式却没有多大的变化。当中原从上古经中世到近世,沿着文明化的道路不断发展的同时,他们所经历的又是一条怎样的道路呢?可以想象,草原民族的游牧生活,迫使他们无法携带生活必需品以外的任何物品,他们改变传统生活模式的机会很少,这样的生活把他们引向了极端的保守。但是,正因为他们的生活态度极端保守,生活模式无法改变,也几乎看不到他们的进步和发展,因此也避免了社会因文明所造成的各种弊害的荼毒。他们依然是朴素民族。他们之间几乎没有社会分工,每个人都是一样的放牧者。如果说社会分工让人类生出了畸形儿的话,那么,他们就是自然生育的自然儿。马背是他们的摇篮，六七岁就能制御烈马，十来岁就完全是一个堂堂的战士了。他们接受的教育，自始至终不外乎意志坚韧、服从尊长、崇尚诚实、排斥虚言，做一个坦荡天真的汉子。来自父兄们生活中的教育，远比文明社会的学校、教师来得高效。他们这些与文明社会正好相反的性格，使得他们一旦与文明社会为敌时，便表现出非常有利的一面来。

进入近世以后，他们依旧保持着先人们逐水草而居的游牧生活，生活的根本方针几乎没有改变。然而，既然与拥有数千年历史的文明社会为邻，那么他们与中原社会的关系，不知不觉之中肯定会发生一些变化。他们需要中原的金属，需要中原的绢布，到后来甚至需要中原的茶叶。实在不行，金属也可以从西方人那儿弄得到；没有绢布做不了鲜衣美裳，但毛皮也完全能够御寒遮体。但是，自从饮茶习俗流行起来以后，中原以外你弄不到茶，他们的游牧生活于是在经济上再也无法与中原割裂，哪怕付出再大的牺牲也要得到茶叶。因此，获取茶叶，成为近世刺激北方游牧民族南下的一大原因。掌握了茶资源的中原社会，控制着游牧民族的生活嗜好品，在与游牧民族的对峙中，这既是强处，同时又是弱点。适度控制茶叶的配给数量，就能不劳而制御敌手，但一旦控制手法上出现误差，或者自己暴露了弱点，让敌方觉得有机可乘，那么迎来的将是灭顶之灾。

近世的北方朴素民族，与文明社会在经济上发生了密切的关系，随着彼此往来的频繁，也使朴素民族对文明社会的理解更加深刻。他们正确地判断文明社会的价值观,认识到了文明社会的长处,同时,又看破了文明社会的弱点。能够看破敌手的弱点,这就意味着已经看到了自己的长处,这无疑就是一种民族的觉醒。

近世朴素民族间的国粹主义

中世纪的朴素民族,当他们进入中原以后,很快就会自称中原人,并以自己已经转变为中原人而自豪,鲜卑就是一个很好的例证。北魏建立后,由于佛教来自异域,因此就成为他们排斥佛教的理由,而道教是中原的本土宗教,这也就成了他们拥护道教的理由,虽然只是短时期内的行为,但也充分显示了鲜卑人民族自觉的淡薄。唐代腾飞于漠北的突厥人,确实有过一些民族的自觉,他们改造了源自西方的粟特字母,创造了突厥文字,用来记录本民族的语言。唐玄宗时期,在蒙古高原的鄂尔浑河畔树立的阙特勤碑就是用突厥文字刻写而成的。阙特勤是突厥被唐扫平以后再度振兴时的功臣,这块碑是专门为颂扬阙特勤的功勋而建立的。碑文中,阙特勤的哥哥毗伽可汗告诫突厥人不要被唐人的甜言蜜语和丰富的奢侈品所迷惑。根据《旧唐书》的记载,这个意见出于毗伽可汗的老宰相暾欲谷。当初,毗伽可汗曾计划营建宫室,建立佛寺,暾欲谷向毗伽可汗进谏,称突厥人口不及唐朝百分之一,之所以能够与唐朝对抗,关键就在于突厥人的游牧生活。我们骑射习武,即使与唐朝的交锋一时失利,只要众人散走山林,唐朝对我们就无可奈何。如果改变旧俗，部众定居，那么一旦被唐朝大军包围，我们只能束手待毙。突厥衰亡后，代之而起的回纥忘记了暾欲谷的忧虑，大兴宫室，走上了定居生活，最终被更北方的黠嘎斯击溃。

从以上史实来看，北方游牧民族之中，民族的自觉意识并非没有。而民族的自觉意识最为旺盛的，并且在东洋历史上开辟新纪元的，就是五代时期崛起于北方的契丹。正是契丹民族，与中原的近世文明社会相对抗，试图建设一个具有近世特征的朴素主义社会。这一段史实，也是东洋近世史之所以成为近世史的一个重要原因。

契丹民族的兴亡

契丹兴起于内蒙的西拉木伦河沿岸，是蒙古系民族。西拉木伦河东流成为辽河，因此契丹的国号又称作辽。唐末，契丹的势力日益显著，五代后梁时，契丹酋长耶律阿保机兼并近邻各部称帝，阿保机即辽太祖。太祖之子太宗时，援助五代后晋建国，后又灭亡后晋，长驱直入进入开封，原想就此统治中原的，但因战事失利引兵回到北方。契丹离开后，刘氏在中原建立了后汉政权，但契丹却始终占据着后晋割让的长城南北各州，即所谓的"燕云十六州"。

契丹从建国当初开始就一直接纳中原的流民，并且尽可能地利用这帮中原流民。在与后晋的政治交锋中，中原人士的意见起到了很大的作用，不用说，契丹的腾飞，与这帮中原人士的建策谋略是分不开的。但是，契丹人并没有因为利用中原人士而失去自身民族的矜持。

为了管辖和统治契丹国内的中原人，契丹设置了南面官，而对契丹人及其相近民族的管理，则由北面官负责。这一双重体制在历史上非常著名。用汉法统治中原人，用契丹旧有的习惯法统治契丹人，不要求中原人契丹化，也不鼓励契丹人汉化，各自遵从自己固有的习俗。契丹推行双重体制的出发点，很明显是为了让契丹民族在接受中原文明熏陶的同时，又不会将本民族的勇猛气象消磨殆尽。

契丹为了记录本民族的语言创造了契丹文字。契丹文字的字形模仿汉字，有偏有旁，很像我国的"裃"、"榊"等国字，在音韵方面也受到了回纥文字的影响。一个民族文化上的独立，用于记录本民族语言的文字是不可缺少的，这一点不言自明。自古以来，与中原社会接触的民族至少有几十个，到了契丹才真正创造了自己独立的文字，时代之晚，确实让人觉得有些惊异。我国奈良时代就开始使用万叶假名，平安时代初期已经利用汉字创造出了假名，传说弘法大师受到印度音韵学的启发创造了五十音图，假名出自汉字，但在使用上又比汉字方便得多，大有青出于蓝胜于蓝的美誉。契丹文字的创立虽然比我国要晚一个世纪，但是，再迟总胜于不为，因此，我们不得不对契丹民族发展到了必须创立文字的民族自觉意识及其风发的意气表示深深的敬意。

假如让契丹人在我们的启发下谈一谈自己的理想的话,那么他们的理想肯定是建设朴素主义社会。契丹的领土横跨内外蒙古、中国东北、西域以及中国北方的一部分,是一个幅员辽阔的多民族大帝国。消除民族之间的对立,在民族同化之际摈弃中原的文明主义,坚持自己的朴素性,共同建设一个新型社会,这必定是契丹人的最终理想。这项事业只要跨出一步,就是史无前例的伟业,可惜这项事业几乎还没开始,契丹帝国内部就开始崩溃了。虽重重设防,但依然被中原文明所感染,机体日趋虚弱,强盛一时的契丹帝国在建国一个多世纪后轰然倾颓。文明对人心的诱惑竟然如此之大,这不得不让我们再次感叹。

契丹的继承人女真

文明是乘着人性的弱点发达起来的。就像砂糖的甘甜,鸦片的醇香那样,人们明知它对健康有害,但一旦上瘾,就会忘乎一切,沉醉其中。朴素民族在争战中大得其志,生活开始宽裕之时,他们便贪图身体的安逸,满足口腹之欲,追求高尚的生活趣味和文雅的修饰。上流社会不可避免的文明化现象,就是追求物质享受,导致对物质的贪欲,对曾经是朋友的后进民族不但不予以抚慰反而百般殊求。不满契丹官吏的贪欲而奋起反抗的东北女真人,在契丹人眼中开始只是一个可以藐视的蕞尔小族,然而,当他们壮大到可与契丹为敌时,已然成为让四邻心惊胆战、勇敢无比的朴素民族。辽天祚帝率领的三十万讨伐大军在混同河岸被女真击溃后,成就了孺子阿骨打的英名。阿骨打即金太祖,在阿骨打率领的女真兵的打击下,辽朝濒于灭亡。到太祖之弟太宗时,辽朝彻底灭亡。灭亡辽朝后,金国又征服了西夏,并发起了对宋朝的进攻,宋室仓皇南逃,金国最终占领了黄河沿岸以北的广大华北地区。

金国初兴之时,国俗极其纯朴。部民收获新谷后,美酒将成,便会杀猪宰鸡迎来酋长,贵贱老幼围坐一起,饮酒吃肉,酒至酣处,宾主共立,起舞尽欢。金国建立后仅十三年,便一举占有中原的北部江山,发达国家契丹没有完成的事业,女真人轻易地完成了。取得江山如此容易,这恐怕让女真人自己都感到意外。当然,这其中还有一个原因可以考虑,这就是契丹统治下的朴素民族之间,与中原社会对立的意识越来越高涨,由于辽朝政治的昏暗,这些朴素民族迫切需要有新的领导阶层出现,希望把契丹人曾经设想过却未能实现的朴素主义社会建设的重任托付给女真人来完成。

然而,金国的膨胀过于急速了。他们自己的根据地尚未完全稳定,却急着向中原发展。自己的根据地上有女真人住着,稍微放一放也不致造成大难,但是,在他们西北方向的蒙古高原上,女真人的统治尚未完全确立,这是金国的致命弱点,最终金国的霸业就毁在了位于其西北的蒙古人手中。

在新民族勃兴的阶段,金戈铁马,所向披靡。艰苦的地理环境,困乏的物质生活,激发的是国民的意气。太祖家族中的各位男子都非常善于用兵,金国二十一位开国功臣中,异姓功臣只占两人。然而,正因为如此,当国家进入守成时代以后,问题就显现出来了,宗室势力过于强大,这反而妨碍了政治上的统一。太宗之后经熙宗,到海陵王继位后,皇室与宗室之间的内讧开始白热化。

在后代的史书中,海陵王被描述成前所未有的暴君,但如果了解了他的内心世界,那么,我们就没有理由不同情他了。靠暴力在短时间内缔造出来的大帝国,内部必然潜藏着各种矛盾。对金来说,要想尽早安稳庞大的帝国,最便利的莫过于借用宋朝已然成熟的君主独裁政治。这样一来,金国的政治必然会是以中原社会为中心的政治,任用中原人为官,由他们来统治中原人。但是,出来反对的宗室贵族很多,因此而遭受杀戮的也不在少数。

女真人中的保守派如此激烈反对海陵王的政策并不是没有道理的。金国不是王室一家建立起来的,而是全体女真人浴血奋战的成果,而海陵王却要把中原还给中原人,由王室独自君临中原。并且,海陵王还要平定南宋,如果南宋平定了,王室就会更加脱离女真人而成为中原的君主。为王室平定南宋效犬马之劳的是女真人,事成之后被遗忘的当然也是女真人,这就是女真部民的命运。在这种心态的指使下,女真人乘海陵王南伐之机,拥立海陵王的堂弟即位,即金世宗,海陵王也在军中被部下所杀。

世宗在位二十八年,吸取海陵王汉化遭戮的教训,在国中教导部民保存国粹。此时金国已经建国五十年,统治国家的大方针也渐次确定。金太祖时已命人创立了女真文字,但这一套文字基本上是模仿契丹文字而成的,在国家大政尚未稳定之前,只能任由自发的民族膨胀势力的发展,根本无暇顾及文教之事。到了世宗时期,女真人之间因受中原文明的浸润,纯朴的旧风俗已然荡尽,生活的文明化程度也日新月异。世宗于是建立女真太学,用女真文字翻译经史,一有机会便教导后辈要牢记祖宗的淳厚风俗。但这些行为已经反映出了女真早已错过了保存国粹的大好时机。文明对人心的诱惑竟然如此之大,这不得不让我们第三次感叹。

世宗死后,其孙章宗继位,早已蠢蠢欲动的西北诸部再也不奉金命。到章宗末年,蒙古的成吉思汗自立,对已经多事之秋的金国而言更是雪上加霜。此时的金国早已是强弩之末,宣宗时,蒙古兵长驱直下,势如破竹,大肆蹂躏黄河以北。宣宗齐集朝臣于殿上,君臣只能相对唏嘘,别无他法。金朝建国仅一百年,局势的变幻竟如此急速莫测。

(三)宋代的朴素主义教育论

朴素民族对文明社会的影响

面对辽、金的不断骚扰,中原社会内部不可能没有任何反应。

面对强大的北方民族政权，宋人再也无法置之不顾，很少出现以往那种将之视为夷狄，虽然一时猖獗但终将自取灭亡的自慰式的乐观论调。夷狄的猖獗迫使宋人反思，迫使他们认识到被他们称为夷狄的人那儿有许多值得学习的地方。这种思想，用中国式的表述方法来说，就是中国古代的"道"在夷狄中还依然存在，天子失政，问之四夷。

宋朝建国后约百年，神宗在位，他重用王安石，在政治上进行了重大改革，成为宋朝历史上的一件大事。很多人将王安石视为法家者流，其实不然，王安石不管怎么说都是儒士。王安石变法的最终目的并不在于财政上的细枝末节，其实重点在于教育，想通过教育的改革来巩固政治的根本。他的夙愿是树立纯良的社会风气，建设健全的社会制度。按他的话来说就是：当今国家虽然办起了学校，但却徒有其名。先王之时，士人所学有文武两道。文视文才高低或为公卿，或为大夫，或为士，而武则与文才无关，任何人都要学。及至近世，文武判然分为两途，文官鄙视武事，藐视一切自己不知道的事。这就是朝廷积弱的根本原因。

王安石认为，召集天下举子赴京参加科举，考试之日命其写几篇文章，从中举者中选拔一批官吏，这种方法毫无意义。提倡建立学校，让学生集中住宿，通过日常行为观其品行，从而培养出优秀人才。又建议在学校建造靶场，让学生练习弓箭。此外，在改革的各项政策中特意设立保甲法、保马法，让农民学习并掌握马术和武艺，遇事首先可以自卫，并能轮番到官府服役，以期复活唐朝的府兵制。当时北宋的文明社会已经发展得过了头,因此,此法不可谓不美。朴素民族的文明化非常容易,即使没有人指导,他们都会自发地、非常热心地去追逐文明的影子。然而,文明人的朴素化却是非常艰难的,不会比把载重货车推上坡顶容易。如果能够众人合力一下子把车推到坡顶,这是一件美事,但途中如果稍有退步,车子马上就会回到坡底。如果将王安石的改革思路往人们不乐意的方向上引,那么他的变法注定就要失败。反对党攻击王安石的保甲法,嘲笑这是想用民兵去抵御北方游牧民族的铁骑精兵,就像是率领羊群驱逐猛虎,异想天开。这也许道破了保甲法的真实意图,但是,反对党对改革如此冷淡,正好说明了知识阶层的朴素化远比一般民众的朴素化困难得多。有句话讲得不错,有时候知识阶层比无知者更无知。

王安石的改革如果成功的话,中原社会就会变得具有辽帝国那样的性质。辽国为如何才能保住自身的朴素性而费尽心机;宋朝为如何才能给文明社会带上朴素性而焦虑万分。识者看来,这两者其实是一样的,其困难程度难分伯仲。王安石最终不得不退出政界,在他的支持者神宗死去以后,他的各项改革措施立刻在反对党的一片欢呼声中被彻底葬送。

朱子的教育理念

到了南宋,中原文明社会的中心随着宋室的南渡转移到了运河的南端杭州。杭州西郊的湖山胜景,成为偏安一隅的都城士女们四季行乐酣歌的大好舞台。士气的游堕,较之北宋更胜一筹。即使是在金国因蒙古诸部的连年叛乱而应接不暇之际,韩侂胄劝宁宗发动的北伐战争都会以惨败而告终。南宋朝廷将韩侂胄的首级送往金国求和,这更是耻上加耻。韩侂胄的同时代人中有朱子。朱子与韩侂胄两人之间互不相容,但在恢复中原这一原则性问题上两人又是一致的。而且,朱子还继承了王安石的反对党们的论调,对王安石多有非难。但平心而论,朱子才是王安石学问的继承人。

朱子在评论保甲法时说,保甲法施行之初,确实引起了民间骚扰,但经十数年,民间逐渐惯于此法,制度的完备也近在眼前,只可恨司马光掌权后将其全盘否定。朱子在免役法的问题上也站在王安石的一边,他自己提出来的社仓法与王安石的青苗法如出一辙。

朱子在论述北宋灭亡前后的历史时认为,宋金和议之所以决裂,问题出在北宋的背信弃义。金太祖时,诸将建议乘灭辽之势一举进犯北宋,但这个建议金太祖没有采纳,因为在这之前宋金之间曾经有过互不侵犯的协议。然而北宋却想利用行将灭亡的辽国来搅乱金国的内政,这种耍小聪明的把戏激怒了金人,直接导致了金人攻占开封,将徽、钦二宗掳往北方的丑剧发生。金国决定与北宋断绝关系之时,四处传檄非难北宋,句句在理,北宋几无申辩之能。这些历史只是国史不载而已。

对于当时官府文书的繁琐，朱子也作了批评。朱子称曾经阅读过宋初太祖时期的文牍，要言不烦，办事简练。闻说金国文书正如宋初，朱子对之大加礼赞。朱子又说，太祖之时尚无秀才，也无许多闲说。也就是说，当时还不存在庞大的知识阶层，从而也就没有空论不决的弊端。接下来又说，近来人才日趋纤弱尖巧，感慨当今人士越来越文弱，越来越伤感，越来越女性化。就像天平无法给大象秤重一样，神经质的才子们无法料理国家大事。当时宋朝最需要的人才是具有钝重感的朴素人。朱子是位教育家，但在如何才能培养出朴素人来这一点上却显得无能为力，并且自己也很清楚这一点，于是只能投匙感慨，叹息贤人或起于荒山之中，甚至指望社会在大乱之后会出现新的气象。

事实上，宋朝文明社会最大的弱点，在于虚荣虚礼风气的弥漫。朱子自始至终想以"正心诚意"这四个字来矫风正俗，但毫无收效。在当时的社会上，儒家的礼仪受到尊崇和实践，特重父母之丧，按礼必须丁忧三年才能除丧。但据《青箱杂记》的作者所言，"居丧之礼，近世已绝"。该书的作者曾在今湖南省的深山中与蛮夷一起生活过，据他的记载，蛮夷之俗，"父母之丧不食肉，不饮酪，但食荞豆鱼菜。其当否姑置不论，却能区别善恶，严守不渝，则非中原人士所能及。所谓失礼求诸野，诚可信也"。[4]之所以说近世中原的礼仪已经支离破碎，例如丧礼规定，在为父母服丧的三年之中是不能举行结婚等吉礼的，但却时有父母在临终前匆忙为子弟举办婚礼的现象，指的就是这类事。中原文明人也不得不承认文明社会的虚礼远不如蛮夷的诚实。从这些方面可以看出,宋人一方面虽然攘夷思想严重,但另一方面对朴素民族的长处又有着深刻的理解。

宋人眼中的日本

历史上最了解日本人气质特征的非宋人莫属。圆融天皇永观二年,即宋太宗雍熙元年,日本僧人奝然入宋,在都城开封谒见太宗,献上了郑氏注《孝经》和唐任希古撰《越王孝经新义》各一卷。在以孝治天下的中国,得到了海外珍藏的佚书《孝经》,太宗非常高兴,接下来又问及日本的国情,奝然一一做了回答。奝然说,日本乃万世一系,今上是第六十四代。太宗叹息良久,对宰臣说,中国自唐以来,天下分裂,五代王朝命脉尤短,日本乃世祚遐久,此非古圣王之道耶!君临易姓革命频繁国度的宋太宗,非常羡慕我国的国体,于是对奝然存抚甚厚,命其馆于太平兴国寺。此后,入宋从事贸易的日本人也不少,但能够跻身宋朝知识阶层社交圈的人却不多,能够进入的主要还是一些留学僧人。这些僧人往往因自己的品行提升了日本人的声誉,他们即使到了宋朝,往往也很难掌握日常使用的语言,这一现象似乎古今皆然。奝然就是一个典型事例,他能写得一手隶书,却不会说汉语。真宗时期入宋的寂照,也不晓汉语,但识得文字,缮写甚妙,为人称道。不晓语音却通达文字,而且甚得要领而学成归国的日本学者,其天才不待近代留欧学生,宋代的留学僧人已将之发挥到了极致。

南宋时期,日本僧人安觉入宋。这是一位没有资金购买佛经的穷留学生,发誓要通过背诵来记住一切经义,于是每日苦吟,无片刻懈怠,终于记住了经义的大半。其立志艰苦决不退缩的精神,让宋人惊叹不已。当时日本正值源平镰仓时代初期,这是一个特别强调朴素主义的时代,刻苦奋进的精神不仅在武士之间得以大大发扬,甚至波及僧侣缁徒。相州光胜寺僧人定心在宋时与众僧一起食蘑菇中了毒。传说舔人粪便能够解毒,宋僧纷纷寻来人粪往嘴里塞,并以此免死。但定心宁死不舔污秽之物,最终肌肤崩裂而死。

这些入宋僧人们的行为,在宋人的眼中逐渐演变成日本人的普遍印象,宋人对日本人的感情也因此而友善,日本商人在宋朝的经营也因此受到优待,日本的特产也因此被宋人所认识。其中博得最高声誉的是日本刀,欧阳修能作《日本刀歌》,绝非偶然。

日宋间的友好关系一直保持到宋亡以后。南宋灭亡后,宋朝僧人接二连三地东渡日本,均受到了日本方面的优待,向日本请兵复兴宋朝,这恐怕不是单纯的风传。

(四)不是满洲就是蒙古

朴素民族之间的争霸

唐以来,满洲和蒙古两大民族交替称霸。消灭雄视唐朝东北边疆渤海的契丹属蒙古系统,继契丹兴起的女真是满洲系统,女真人建立的金朝衰亡之后,蒙古民族继之活跃在历史的舞台上。

说到游牧民族,很容易把他们的社会发展进程想象成大同小异,其实不然。游牧民族之间,尤其是拥有部族和不拥有部族的族群之间,存在着严重的对立。他们的主要财产是牲畜,放牧这些牲畜就必须要有牧场。外蒙古最肥沃的牧场是鄂尔浑河、图勒河和色楞格河三河交汇处的草原。自古以来,突厥、回纥都在这一带建立牙帐,原因就在于一旦占有了这片草原,就可以利用其丰富的牧草资源,繁衍牛马,然后以此为基础雄视北方。然而,丰饶的牧场往往又是争夺的对象,如果不是组织严密的部落联盟,几无可能进入这个游牧圈。占有如此优质牧场的民族和部落,由于生活质量的提高,又会安逸于现状以致武力渐弛,最终被周边虎视眈眈的其他民族和部落攻灭。朴素主义与文明主义之间的斗争,在号称朴素的北方游牧民族之间依然存在,只是规模较小而已。

后来铁蹄旋风般蹂躏了大半个世界的蒙古民族的"蒙古"这个名称,原来指的只是唐代东北边疆的一个弱小部落。蒙古的太祖成吉思汗,原名铁木真,他到底是不是这个弱小部落的酋长葛不律罕的子孙,这仍是个疑问。据汉文史料的记载,铁木真只是借用了蒙古的名号,他的父亲只不过是一个十人长。又据西方史料记载,在北方诸部中,蒙古部能够游牧的草场气候条件是最差的,他们与家畜一起漂泊,没有人比他们过着更悲惨的生活,蒙古一词本身就是朴素羸瘦的意思。不管怎么说，铁木真生长的不儿罕山附近确实是土地贫瘠，连骑马都难以接近的地方。铁木真在这一带以掠夺为生，遇有外敌来侵则逃入险阻的山间，有时甚至捕野鼠充饥。

沙漠的无产阶级不只是铁木真，无法进入丰饶草场的浮浪小家族，也散在这一带，怨声不断。在这帮无产者之间，铁木真的勇气和胆量慢慢得到了认可，终于发展到了部落争斗时有人邀他带着自己的喽啰们助战的势头。铁木真成了沙漠上的侠客。与铁木真同时的还有札木哈这个人，也是一方之长，两人原本是同道好友，遇事相互援助。然而，铁木真的势力逐渐强大，威望超越札木哈后，离开札木哈投靠铁木真的人越来越多。不久，诸部拥戴铁木真为长，号成吉思汗。至此，蒙古部在铁木真的率领下得以重组，这一年据说铁木真三十五岁。

沙漠之民离合集散是常有的事，随之而来的是新兴部族与既有部族之间的对立。既有部族原来也是新兴部族，人们一代一代拥戴老君长的子孙们继续维持部族的统治，但不知不觉中这个曾经的新兴部族变成了既有部族。既有部族的弱点在于其统率者往往用人不当，虽有部族团结的力量可倚，但个体逐渐懈怠堕落，沉浸在过去的光辉历史中，性情傲慢，而且蔑视新兴势力。与之相对，重组后的新兴部族，是力量和力量的结合，被选中的指导者一定是强者中的最强者。就像强大的磁力吸附了铁片一样，铁片与铁片之间不存在着不纯物质。铁木真手下有四员大将，者别、忽必来、者勒蔑、速别额台，被称为是用人肉豢养出来的狗，所向无敌。铁木真收拾札木哈后，东征塔塔儿，南破克烈部王罕，北灭泰赤乌部和蔑儿乞部，往西歼灭雄飞于西蒙古的乃蛮部太阳罕，在外蒙古草原上确立了自己的霸主地位。于是，诸部拥戴成吉思汗为皇帝，并发誓对之忠诚。这一年据说铁木真五十二岁。

成吉思汗的出现

成吉思汗的事业其实并不是一帆风顺的，他遇上的敌手均是勇敢的游牧民族，再三舔尝了失败的苦酒，不止一次地在生与死之间徘徊。艰难让他的意志坚硬如钢，让他的感情冷若冰霜。勇敢无比的全体蒙古人，在他的旗帜下整装待发，对四邻发起了连年的侵夺。遇国灭国，见城屠城，被其征服的民族多达百数，被征服民族送来的妃妾多达五百。成吉思汗曾经被问到什么是人生最大的快乐，他这样回答：破人国家，捕获其民，看着他们在自己的眼前号哭，然后放兵抢夺其妇女财宝。成吉思汗的人生之乐完全是其命运和环境的产物。铁木真兄弟四人，四人分成两组，两人共用一灶，因为争夺一条鱼，能把弟弟射杀，这就是少年时代的成吉思汗。他的妻子孛儿帖曾经遭敌人掳掠，其长子术赤被怀疑是这期间受孕的，因此，在成吉思汗的内心肯定也集聚着数不清的苦恼。统率猛兽般的蒙古民族，不仅自己的身体要像猛虎一样强壮，而且自己的心更要像雄狮一样凶猛。文明人遇上苦恼往往会理智地排解，而朴素人却只能通过自己的意志来克服。

这里没有余暇来详说成吉思汗及其子孙东征西伐直至帝国分裂的历史，只想强调一下与前代的辽、金相比蒙古的威力到底有多大。辽的版图，往西不超过葱岭，金的领土，往南也没有跨过淮河。然而，蒙古往西震撼欧洲封建诸国，往南颠覆伊斯兰教团，直临波斯湾。这不单纯是由蒙古的地理位置决定的，与辽、金相比，蒙古的武力超出了好几倍，这才是他纵横欧亚的根本原因。辽、金的缔造者，他们创业之初，在自己的部族内部已经拥有相当的背景，并且，开国功臣以及历代将相，出于同一家族的人员占据多数，他们具有相当浓厚的贵族色彩。而蒙古的成吉思汗却是靠一个人的拼搏爬到最高统治者地位的。他手下的将士无一不是草莽英雄，从一开始成吉思汗就是以独裁专制的手段来控制他们的。成吉思汗没有来自部族会议的拘束，而是自己制定法律，强迫部族成员遵守。一直到后世还制约着蒙古人生活的"札撒"即源出于此。成吉思汗的事业，不是既有势力的膨胀，而是散沙般的游牧民经重组后形成的强大的向心力，新兴的气象远远超出了辽、金，这使得他们更加具有活力。然而，成吉思汗个人的感召力又过于伟大了，因此，在他之后接替他事业的子孙们便无法再像他那样统率蒙古，不得不采用部族议事会（忽里勒台）的方式来表达大帝国的意志，这其中即潜藏了蒙古帝国内讧的祸因。到太祖孙辈们的时候，忽里勒台破裂，东方的蒙古帝国与西方的蒙古诸汗国开始独立行动，走上了独自经营的道路。

蒙古民族对文明的态度

东方的蒙古帝国在世祖忽必烈的经营下,疆域横跨蒙古、中原、西藏,帝国至少在外观上具备了中原国家的形式,国号"元",在一定程度上吸取了中原文明。但是,蒙古人的自尊心极强,大都朝廷上通用蒙古语,天子穿蒙古服,基本上不懂汉语。

东方的蒙古帝国国内,社会被分成三个阶层。第一是蒙古人,地位最高。第二是色目人,是回纥等蒙古沿边的西域人,地位次于蒙古人。第三是汉人,地位最低。蒙古统治者之所以这样分,是有相当的理由的。蒙古人最早接触到的文明,是回纥等西域人从波斯、伊斯兰系统吸收过来的。回纥的祖先是蒙古高原上的游牧民族,唐后期开始移居西域等地,与当地人混血后形成了面目一新的新族群。回纥人擅长理财,蒙古远征四方之时,很多回纥人作为蒙古的御用商人非常活跃。西方文明的特征是长于科学,精于机械,中国文明在这些方面也不断受其影响而大有发展。蒙古人尊崇的不是空疏的哲理或者繁琐的理论。中原的正统学问,儒学也好佛学也好,都不足以引起蒙古人的兴趣。然而,科学技术中所包含的真理是谁都无法怀疑的,如果不得不采用什么利器的话,蒙古人马上就会认准科学技术的价值。远离中原文明,相信西方文明,在这一点上蒙古人的眼睛是明亮的。只是蒙古人虽然始终相信科学文明,但因自尊自大,自己不屑于学习,全部委于色目人之手，其至将科学家、技术家目为工匠。如果蒙古人以其纯真之心，从对武力的热忱中抽出一半的精力来学习探求科学，那么东方的历史或许会出现一个巨大的变革。但他们终究还是沙漠之子，他们的朴素，是那一种最野性的朴素，想要取得更大的发展是不可能的。看到这里，我们感觉到了一种悲凉，平定中原后不足百年就被赶回了大漠，这也许就是他们的宿命。

元帝国朝廷崇拜喇嘛教。蒙古自太祖以来尚在漠北的时候，对宗教毫无兴趣。无兴趣同时也表明了极公平。朝廷与喇嘛教结成了特别的因缘始自世祖对西藏僧人八思巴的信任，此后历朝对宗教的信奉都集中在喇嘛教上。是政策还是信仰？如果说是政策，那很明显是与祖宗的态度相矛盾的。蒙古人朴素的灵魂与原始的喇嘛教之间产生了共鸣，这种解释倒是可以认可的。大凡宗教，均是超现实的东西。正统佛教也好，儒学也好，道教也好，理论逐步完善之后精神却毁灭了。假如理论尚未完善的喇嘛教从宗教意义上来诱惑蒙古人，即使喇嘛教的教义再低级，我们都有理由认可蒙古人的选择。问题是这以后如何才能协调好自己的信仰与政治？这是蒙古人不可回避的职责。不幸的是，蒙古朝廷过于沉湎喇嘛教，并因此而伤害到了政治。说到底蒙古人只是有始无终，是征服者却不是统治者，随着征服事业的结束，他们的没落也就开始了。蒙古人保存国粹的观念太强，但他们力图保存的只是语言、服装以及习俗这一类的东西，在我们看来这些所谓的国粹只不过是些细枝末节。他们忘记了自身最重要的国粹，即朴素主义的锻炼。随着蒙古朝廷与西方各国往来的断绝,很少能够受到西方科学文明的刺激,他们对中原文明的蔑视态度也不得不发生转变。历代王朝的文化事业通常在建国之初就展开了,而元朝直到最后一代皇帝顺帝时才首次编纂宋、辽、金三朝历史,蒙古统治者到这个时候对中原文明的理解才进入盛期,同时,这也意味着蒙古统治者的文明化业已完成。

明朝与蒙古之间的政治经济往来

元朝的灭亡是从民间秘密结社的蜂起开始的,而促使民间秘密结社壮大的原因,则是朝廷因财政困难而抬高食盐专卖价格所致。最初起事的是浙江的方国珍,他是海上食盐走私集团的头目。接下来发难的是河南的白莲教教徒,安徽方面则有郭子兴。在群雄争战之中,郭子兴的部下朱元璋平定了江南,北上攻陷大都,将蒙古王公贵族逐回漠北,统一了天下,朱元璋即明太祖。

蒙古在统治中原的一百年中,难道就像风吹草低、过而复起那样,对中原社会没有留下任何遗产吗?也许有人会说,蒙古人自身的文明程度很低,远不及中原,但是,对他人的影响又不仅限于文明。蒙古人对中原社会的巨大影响的确不是他们的文明,而正是他们的朴素。在蒙古统治的一百年间,中原人接受了朴素主义的锻炼,接受了蒙古人朴素主义的再教育。如今时机成熟了,面貌一新的中原人,一举驱逐了已非曩日的朴素人蒙古王公。明王朝虽然内忧外患不断,但毕竟维持了三百年的天下,原因之一就是蒙古人的朴素主义教育所赐。这样讲起来明人还真应该感谢这一微妙的自然规律。

明朝与蒙古这种奇妙的因缘,在明朝三百年间没有中断过。明太祖发迹于江南,进而统一天下,这在历史上是划时代的事件。江南资源的价值因此也必须进行重新认识。太祖以南京为都,大力提倡振兴汉人传统,又封子弟为藩王屯驻北部边境,专使对付蒙古。其中镇守北京的燕王势力最强,在其手下,有归化蒙古人组成的优秀骑兵团。到了太祖之孙建文帝时,燕王率兵南下,攻下都城,自立为帝,并将大明的都城迁往北京,这就是成祖永乐皇帝。与父亲太祖留下的精兵相比,永乐皇帝的军队更胜一筹。靖难之变,永乐皇帝之所以成功,原因之一要归功于这支带有浓厚蒙古色彩的骑兵团。永乐皇帝不是太祖之子,而是元朝皇帝的后宫入明后生的,永乐皇帝实际上是蒙古皇帝的骨血,这个传说,或许正是为了抚慰这帮蒙古骑兵而编造出来的。永乐皇帝即位后再次驱使这支骑兵团远征外蒙,讨伐元朝余众。讨伐之后再加抚慰。中原帝国对北方民族的方略就此尽矣。

永乐皇帝的理想是将蒙古人全部赶往漠北,不许其在内蒙草原放牧。但是这种想法就像禁止大海中的鱼儿靠近岸边一样,纯属一厢情愿。明军一走,内蒙马上又成为蒙古人的游牧之地。长城一线,明朝与蒙古的争斗前后不绝,靠近边境的北京城亦时有警报,朝廷的武力快速地消磨,亦与蒙古的频繁骚扰有关。

明代的蒙古早已不是民族勃兴之初的蒙古了,势力的衰退不可阻挡。百年间对中原的统治,使得他们的生活越来越依赖于中原的物资。他们对明朝的抄掠,不再是当年那种民族勃兴时期的风发意气,只不过是与明朝的贸易遭遇阻碍,得不到自己想要的东西时的一种泄愤。

夜郎自大的文明国家

明朝自建国以来,对外一直实行着贸易垄断主义,对外贸易全部采用朝贡的形式,直接由朝廷掌控。建国初期制定的对外贸易政策,越往后越难以实施,原本希望通过朝贡贸易来笼络外国的明朝,反而因为自己的闭关政策激起了外族的敌忾之心,招致了外敌的入侵,这一结果与初衷大相径庭。

明朝的贸易垄断,实际上是一个无视经济原理的政策。所谓中原地大物博,生活必需品无所不有,不需求诸外国,而外国求诸中原的皆是其生活必需品,因此中原与外国的贸易不能是对等的,只能是恩惠。接受恩惠的人就应该奉中原为正朔,承认明朝的主权,服从朝廷的管理。这虽然是朝廷常用的套话,但天底下没有比这更不合理的理论了。如果生活必需品是指水,或者是指空气,那也就算了,但是,水和空气以外的物品中,哪些是必需品哪些不是必需品,这条线是很难划得出来的。只要外国存在着明朝所需的物品,展开贸易就有可能,如果非要说明朝的出口商

150

品是外国的必需品,而外国的产品却不是明朝的必需品,天下哪有这样的道理?看一看历史就知道了,从永乐皇帝开始,数次派出舰队远航西洋,他们的目的是什么?最终还是为了追逐贸易之利。如果不是为了寻求明朝的必需品,他们远赴非洲又是为了什么呢?在严酷的海禁令下,首先遭罪的无疑是明朝本国的百姓,难怪沿海的百姓会引导日本人登陆骚扰。

明朝严禁百姓出海贸易,只允许朝廷指定的那几个国家在指定的港口从事贸易。贸易之时,官吏的刻剥殊求,让本国人和外国人都不堪其苦,而朝廷却没有任何处置贪官恶吏的举措。这样的现象不仅发生在港口,在北方的陆上贸易场所也是一样,这终于激发了沉默了四百年的满洲民族的再次奋起。女真人不足万,足万则不可敌,这句过去的谚语,正在一步一步地变成可怕的现实。

以朴素主义为理念建立的满洲帝国

在发明了火药,大炮枪支普及的时代,物质的威力往往超越人力。在这样的环境下,与前代相比,资源相对贫乏的朴素民族要想实现腾飞就更加困难了。清太祖以寡兵击溃明朝的四路征讨军,在满洲巩固了自己的地盘,这不得不说是一个奇迹。太宗时期,西边的蒙古人向背不明,往前则有宁远城的阻挡,屡攻不破,内则旱灾饥馑频仍,归化的中原人人心动摇,国家一时举步维艰,但满洲民族却能戮力向前,克服重重困难,最终获得了胜利的桂冠。满洲人的进步绝非偶然。大凡新势力崛起之时,都会遭遇旧势力的顽抗抵制,一家之兴尚且不易,更何况是一个国家,甚至是整个天下呢!但是,没有勇气排除万难,奋力迈进,则新势力绝无崛起的可能。明朝已经老了,数千年的文明已经老了。三百年的历史让明朝早已步入了老龄。中原的文明社会,不得不再一次在以六万满洲八旗为中坚的清朝的统治下接受朴素主义的锻炼。

明朝三百年间,在长城一线与蒙古连年争斗,谁都没有意识到中原之鹿会落在作为第三者的满洲人手中。请听一下清太祖诏谕蒙古降将的一段话:"我国习俗,守忠信,奉法度,无盗贼欺诈,无凶顽暴乱,倘遗于途,拾者必还其主。人情敦厚如此,是以得膺天眷。尔蒙古,非未尝不手持念珠,口宣佛号,但欺诈横逆之风不戢,以致天不尔佑,使尔等自乱其心,殃及国人。今尔等既归我,则此后不得再萌不善之念。"诏谕中表现出来的满洲人的淳朴,并不完全是太祖的自卖自夸,确有见证人可以作证,而且这个证人还是日本人。宽永二十一年,越前国的国田兵右卫门等人乘坐的三艘船,在前往松前的途中遭遇暴风,①被吹至满洲,一行被送往北京,后经朝鲜回国。这期间正好是满洲人进入北京取代明朝坐上紫禁城宝座的混乱时期。国田等回国后,被召到江户接受幕府的询问,问答被记录成文。称:清国万事皆有法度,公正无

---

① 宽永二十一年,公元 1644 年。越前国,今日本福井县一带。松前,今北海道渡岛半岛西南端。

偏,上下慈悲正直,一无虚言,道不拾遗,人极殷勤。又称:主人与下人之间,亲如父子。下仕上如亲,上视下如子。目击者的证言总比后世清代御用文人美词丽句的赞美真实得多。国田等人被问及明朝遗民的情况时,文字记录也随之笔锋一转,称:北京人之心与满洲人不同,有盗贼,有虚言,似无慈悲。明朝遗民一下子就被日本人否定了。又说:满洲吏人与我等手势交谈,称传闻日本人义理坚强,精于武士之道,且有慈悲之心,与我满洲甚似,并招待我等饮食。日本与满洲,在朴素主义的锻炼方面一脉相通,虽然语言不通,但以心传心即可交流,真可谓好汉知英雄。读到这里,我们不禁感慨万千。

明朝人无法治理的文明社会,在注入了数万满洲人这个新要素后得以安稳了下来,这多少有些不可思议。蒙古人再也不南侵了,中国与日本的关系也得到了改善,不仅如此,清朝的威令西越葱岭,南及缅甸的崇山峻岭。医治文明病,方子只有一个,那就是注入朴素主义。

（五）东洋史上的新局面

朴素主义与科学精神

东方世界自古以来就不断地从西亚汲取科学知识。汉代如此,唐代也是如此。宋代,除传统的陆路交通以外,还通过海上贸易从西方文明中汲取养分。蒙古帝国的出现,大大地促使了东西交通的进一步发展。然而,蒙古帝国建立前后,西方科学文明的中心已经从西亚转移到了欧洲。蒙古人摧毁了西亚的萨拉森帝国后,西班牙的伊斯兰王国成为西方唯一的科学文明中心。西欧的朴素民族并没有蔑视伊斯兰文明社会的遗产,而是对之进行正确的评价,并将之植入自己的社会,进一步促使其发展。世界历史至此进入了一个新纪元。当伊斯兰文明社会的科学文明走进了死胡同之际,西欧的朴素民族将之移植到了尚未开垦的处女之地,在朴素民族强大能量的培育下,取得了飞跃的发展。由于科学的发达,西欧人的物质生活也因此大踏步前进。从表面上看,西欧的文明社会与这之前的文明社会似乎并没有多少差异,然而,欧洲文明社会的内面,传统的朴素主义精神并没有消磨,依然具有极强的生命力,这一点是我们必须认识到的。

欧洲社会在文明主义的表面下深藏着朴素主义,这可以从两个方面来考察。第一,从历史上来看,欧洲社会还很年轻。东方社会的中国、印度、波斯,以及西方社会的埃及、希腊,其社会虽然也经历了多次变迁,但文明主义的生活毕竟持续了几千年,已经非常疲劳。西欧社会自日耳曼民族的迁徙而成为朴素民族的根据地之后,虽因十字军的东征接触到了西亚的文明社会,但文明生活并没有风靡。文明生活的风靡是文艺复兴以后的事,这已相当于东方世界的南宋末年蒙古兴起的时期。这个时期,中原人在文明社会这席大餐前,已经是玉粒金莼噎满喉,而西欧人从那个时候算起至今也只不过经历了六七个世纪,因此,与其他先进的文明国家相比,实在是太年轻了。

第二,欧洲文明一直是以科学为轴心发展而来的。在过去的诸多文明社会中,科学也曾大放异彩,然而却很少有进一步的发展。科学发展停滞后,随之而来的是科学的堕落。天文学的知识发展了,但最终沦落为占星术,化学的知识增加了,又演变成畸形的炼金术,其结果,文明越进步,迷信就越盛行,迷信成为扼杀科学发展的凶手。很多人曾经将迷信误解成野蛮的原始社会的产物,但事实正好相反,文明越古老的社会积累起来的迷信就越多。迷信就好像是坚固的枷锁,严重束缚了社会朝着正确方向的发展。我觉得迷信绝不仅仅是占卜吉凶这一类的东西,凡是没有科学依据又披着真理外衣的任何东西都是迷信。近代欧洲的科学进步日新月异,这不仅赢得了世人对科学本身的信赖,而且还提升了人们正确认识社会现象的能力。从而,在自然科学以外,文化科学作为一门新科学的出现也就有了可能。欧洲人不断地进步,不断地内省,不断地批判。在五六个世纪之中,有时也出现过迟暮衰落的迹象,然而切中人类文化发展规律的文化科学又会不断地引导社会的前进方向,将社会从堕落的危机中拯救出来。欧洲社会在形态上虽然与文明社会看上去没有多少差别,但却很好地保存了朴素主义的精神。这样的精神反过来又充分保证了科学的发展,并互为因果,以至于呈现出了如今这样的盛况。可见,只有科学才是联结文明生活与朴素主义共同协调发展的纽带。

如何看待西力东渐

欧洲最早的科学文明,繁荣于曾经受阿拉伯帝国统治的西班牙和葡萄牙两国。西班牙和葡萄牙原本都是残存于伊比里亚半岛北部的基督教国家,南下后把萨拉森人赶到了非洲。但他们却继承了萨拉森人的科学知识,并将之发扬光大,为自己的繁荣打下了基础,从而实现了横渡大西洋发现新大陆,绕过好望角来到东方世界的壮举。

明末,满载着科学知识的葡萄牙船队来到了东方这个文明古国,给中原的文明社会带来了巨大的影响。如果明朝政府能真正认识到西方科学的价值,并努力将之移植到中原社会,那么国家或许就不会灭亡。但是,过于悠久的文明生活让明朝失去了认识科学文明的慧眼,明朝看中的只是红毛鬼子枪炮的威力,赞叹的只是世界地图的准确。尽管西方传教士做出了超乎常人的努力,科学文明中的部分知识也传入了中国,但是,科学文明却没有能够根植于中国社会。清朝的康熙帝是一位对科学非常感兴趣的皇帝,并且对科学有着正确的认识,朴素民族出身的他尚未被文明的生活彻底麻醉。然而,康熙朝的当务之急是对中原的经营,康熙帝对科学的兴趣,无一不是在明朝灭亡后处理国内问题的空暇之时培养起来的。与接触到了西域文明但又抛弃了它的蒙古人相比,康熙帝不用说是非常英明的,但最终却没有能够充分显示出满洲人的睿智来,这不得不令人倍感惋惜。当然,这也与数千年积累起来的中原文明社会的迷信恶习不无关系。

所幸的是,与中原的文明社会相比,在东方世界还有一个朴素主义社会的存在,这就是日本。有很多人一直在矜夸日本文明的悠久,然而,单纯的古老是没有任何价值的。所幸的是日本一方面有着古老的文明,另一方面又没有完全舍弃朴素主义的精神,这才是日本值得向世界夸耀的事实。日本精神,绝不是建筑上或者文学上所表现出来的那种华丽,而是讷于言敏于行的朴素主义精神,除此以外的一切,都不过是与本质相距甚远的存在。

日本人的朴素主义精神,表现为谦虚天真,善恶分明,因此对西方的科学文明有着惊人的判断能力。为了叙述上的方便,我们此前频频使用了"西方科学"这个说法,其实,科学是不分西方和东方的,应该是全人类的科学。所谓的"西方科学",寻根求源,依然还是在西亚。如果说子女向父母学习,后辈向前辈学习是极其自然的话,那么,落后国家向先进国家学习,这也是再自然不过的事了。如果有人厌恶这样学习,那么这就是夜郎自大的文明主义的弊端,这就是贵族主义的劣行。国家落后一点都不应该感到羞耻,不愿向先进国家学习,或者学习了却无法超越,那才是天大的耻辱。

江户时代的日本,没有来过一个西方传教士,研究欧洲学问动辄还有与国家公法抵牾之忧。当时以前野良泽、杉田玄白等人为中心的兰学社计划翻译医学著作,为了保证翻译的准确性,他们费尽了心机。例如,眉毛是生长在眼睛上面的毛,为了这样一个简单的定义,他们可以花费漫长的一天,有时白天无法定论还要推敲到日暮,相互诘问,互不相让。短短数行的文章,有时一天都解释不了一行。鼻子是面孔中间的凸起,这句话翻译出来时的欢乐,堪比获得了连城之璧。当时的艰苦状态跃然眼前。通过不懈的努力,《解体新书》终于翻译出来了。[①] 这一年是后桃园天皇的永安三年,清乾隆三十九年,公元 1774 年,美国独立战争爆发的前一年。

日本尚存的朴素主义

日本与清朝对科学的态度,决定了以后这两个国家的命运。我讲的不是科学本身,而是对科学的态度。对科学采取不持任何偏见的朴素主义态度,不用说这就是我国社会建立在朴素主义基础之上的证据。而且与满洲人、蒙古人不同,我国还同时具有发展性,这一点也是我们不得不强调的。我国的国民成功地将科学移植到了日本,以至于最终掌握了如何使文明生活和朴素主义相互协调的关键。

[①] 前野良泽(1723—1803),日本江户时期的兰学者,中津藩医,47 岁立志学习荷兰医学,师从青木昆阳(1698—1769),与杉田玄白(1733—1817)等翻译《解体新书》。又,兰学是日本江户时代通过荷兰语研究西方学术、技术以及各种海外知识等学术的总称。

即使没有前野良泽，没有杉田玄白，我们的朴素主义社会也一定能养育出类似的人物来。这样说绝对不会贬低先贤们的丰功伟绩，在这里，我热切地期望世人在彰显发扬光大日本精神的伟人时，除了国学研究者之外，千万不要忘记同时的西洋学研究者。

东方清王朝的衰微，让我们联想起了西方土耳其帝国的颓废。公元十五六世纪，土耳其帝国在西亚旧文明社会的废墟上建立，意气风发，进灭东罗马帝国，席卷巴尔干半岛，震撼德意志帝国。这时的土耳其帝国在科学和技术上都拥有相当高的水平，而且并没有因为军事上的胜利而懈怠。荷兰人奥尔特留斯①绘制了世界地图后，土耳其人没有忘记马上把它翻译过来。但是到了帝国的晚期，贪图安逸，盲目自大，闭关锁国，一叶障目，以为世界都和自己一样停止了发展。清王朝正是极东的土耳其。遥想当年，六万八旗健儿一举攻下广袤的中原，平定天山北路的准噶尔部，绰有余力，但自长毛叛乱以来，在一小撮欧洲英法士兵的暴行面前只能叩头求和，不亦悲乎！

虽然日本社会的朴素主义精神尚未泯灭，但这种精神的发扬也不是一帆风顺的。民间的朴素主义跃跃欲试，但统治阶层却在不知不觉中已经被文明所醉倒，四艘蒸汽船就让他们寝食难安，这样的丑态，我们必须铭记于怀。所幸的是，以"王政复古"为口

---

① 　奥尔特留斯（Ortelius，1527—1593），荷兰地理学家、数学家。

注释：

1. 齐国的族内婚、同姓婚，可见《荀子·仲尼篇第七》："齐桓……姑姊妹之不嫁者七人。"《左传》襄公二十五年："齐棠公之妻，东郭偃之姊也。"又襄公二十八年："男女辨姓，子不辟宗。"

2. 晋国的同姓婚，见《左传》庄公二十八年："晋献公娶于贾……又娶二女于戎……"又襄公二十六年："今君内实有四姬焉。"又昭公元年："卫人归卫姬于晋。"

3. 关于董卓的出身，《后汉书》卷六四《皇甫规妻传》："骂卓曰：'君羌胡之种，毒害天下。'"《太平御览》卷七〇六《服用部》"胡床"条引《风俗通》曰："灵帝好胡床，董卓拥胡兵之应也。"又见《后汉书·五行志》。

4. 关于礼与野，《后汉书》卷二三："语曰：中国失礼，求之于野。"《左传》昭公十七年："天子失官，学在四夷。"

号的明治维新顺利完成，日本终于回归了它应有的面目，与之同时，统治阶层的人员也进行了大换血。与西方国家相比，日本的起步虽然晚了一些，但毕竟迈出了建设朴素主义国家的坚强步伐。

对于维新的先觉者们，我们要感谢的实在太多太多了。不过，还是有一些担心如鲠在喉，不吐不快，这就是我们的社会似乎过早地文明化、贵族化了。日清战争、日俄战争以后，国民的生活水平快速提高，尤其是在第一次世界大战期间日本经济非常景气的时候，上流阶层日趋奢侈，下层民众纷纷效仿，这种上行下效的社会风气如果得不到及时的纠正，国家社会都将岌岌可危。

　　欧洲朴素主义的文明社会，经历了六七个世纪以后，也在不知不觉中向纯粹的文明主义社会变质，并且这种趋势还在日趋显著。这种变质所产生的弊端因习日久，根深蒂固，并且已经在毒害社会。所以，我提倡的朴素主义，在西方首先发生在所谓的贫穷国家、落后国家，这绝不是偶然的。

　　日本文明生活的历史相当长，然而在一般民众中的渗透却很短，因此，与欧洲各国相比，我们的国家更年轻。如果我们能够清醒地认识到这一点，那么建立一个近乎完整的朴素主义社会并非难事，东方社会对我们的希望不正是这一点吗？

结　语

　　历史学是人类的反省。一个时代有一个时代的反省。大时代必须有大反省。适应时代的反省，正是一个历史研究者的职责。历史学家必须与他所处的时代共呼吸，而且还必须掌握独特的、与时代共呼吸的方法。这个方法就是，身处现代，如何才能正确地去理解过去，同时如何才能通过对过去的正确理解来观察现代。

　　历史学应该是全人类的反省，但它又是通过个人来实现的。如果说人和人之间有着相当强的个性差异的话，那么就像是试管内的实验一样，同一个课题未必总能做出相同的结果来。但是，任何人又都无法脱离自己所生活的时代，或许只是齐东野语，但我坚信，只要自己有信心，不管在哪个点上，你都会触摸到时代的琴弦。